SCHERZ

Tommy Jaud

MAN MÜSSTE MAL

Nix gemacht und trotzdem happy

NEUE GUTE-LAUNE-STORYS

SCHERZ

Aus Verantwortung für die Umwelt hat sich der S. Fischer Verlag zu einer nachhaltigen Buchproduktion verpflichtet. Der bewusste Umgang mit unseren Ressourcen, der Schutz unseres Klimas und der Natur gehören zu unseren obersten Unternehmenszielen.

Gemeinsam mit unseren Partnern und Lieferanten setzen wir uns für eine klimaneutrale Buchproduktion ein, die den Erwerb von Klimazertifikaten zur Kompensation des CO_2-Ausstoßes einschließt.

Weitere Informationen finden Sie unter: www.klimaneutralerverlag.de

FSC www.fsc.org MIX Papier | Fördert gute Waldnutzung FSC® C083411

Erschienen bei FISCHER Scherz

Redaktion: Volker Jarck
Satz: Pinkuin Satz und Datentechnik, Berlin
Druck und Bindung: CPI books GmbH, Leck
Printed in Germany
ISBN 978-3-651-02509-7

INHALT

MAN MÜSSTE MAL

Es ist schon seltsam, was man angeblich so alles mal müsste: Das Gästezimmer aufräumen, den Stromversorger wechseln, die WhatsApps vom letzten Jahr beantworten und so weiter. Ich weiß, wovon ich schreibe, denn ich bin ein wahrer Meister der konsequenten Anforderungsvermeidung. Warum sollte man ausgerechnet dann den Keller ausmisten, wenn die Bundesliga läuft und kühles Bier auf seinen Verzehr wartet? Eben.

Die Frage ist nur, warum man sich dennoch ständig vormacht, dass man dies und das schon mal müsste.

Sind wir vielleicht alle so faul geworden, dass wir nicht mal mehr die einfachsten Dinge erledigen können? Ich glaube nicht. Es ist doch eher so: Wenn wir »Man müsste mal …« sagen, dann haben wir eigentlich längst beschlossen, dass wir das genannte hanebüchene Vorhaben niemals in Angriff nehmen werden. Sonst würden wir ja »ich« sagen und nicht »man« – und »Ich werde« und nicht »Man müsste«.

Und schon gar nicht »mal«. Rein grammatikalisch

kann man präziser also gar nicht beschreiben, dass man die beiläufig dahergeplapperte Aufgabe definitiv niemals erledigen wird. Wenn Ihnen Ihr Nachbar also beim Grillabend vorseufzt: »Man müsste echt mal nach Australien …!«, dann können Sie sich jetzt schon auf ein Handyfoto vom Baggersee freuen.

Die geschickteste Ehefrau von allen (meine) geht sogar noch einen Schritt weiter: Sie hält jegliches von mir geäußerte »Man müsste mal« für einen arglistigen, passiv-aggressiven Arbeitsauftrag an sie selbst. Entsprechend antwortet sie einfach immer mit: »Dann mach doch.«

Das Dumme ist: Meistens mache ich es eben nicht, und dann hat sie auch noch recht. Weil die Aussage »Man müsste mal« im Grunde genommen eine als Alliteration verkleidete Arbeitsverweigerung bedeutet. Hätte ich meinem Verlag mitgeteilt, dass man mal einen neuen Satireband schreiben müsste, dann hätten Sie jetzt vermutlich eine TV-Fernbedienung in der Hand und kein schönes rotes Buch mit einem Alpaka drauf.

Das Alpaka ist im Übrigen kein stumpfer Marketingtrick, sondern mein absolutes Lieblingstier, denn Alpakas machen wie ich gute Miene zum bösen Spiel. Oder hätten Sie Lust, mit zwanzig bräsigen Touris durch den flachen Ruhrpott zu wandern, wo Ihre Heimat doch eigentlich das peruanische Andenhochland ist? Eben. Alpakas lächeln zwar stets gutmütig, einen Hals haben sie aber trotzdem. Das müsste man den Anhängern des peruanischen Trendtiers wirklich mal sagen.

Dass »Man müsste mal« die transusige Vermeidungsfloskel von professionellen Müßiggängern ist, ist mir leider erst seit kurzem bewusst. Noch im letzten Jahr habe ich heldenhaft versucht, alle Dinge höchstpersönlich und tatsächlich umzusetzen, die man mal müsste. Das hat mich einige Zeit gekostet und geriet mir stets zu einem grandiosen Reinfall.

Man müsste der Frau (!) endlich mal beweisen, dass sie die Spülmaschine schlechter einräumt als man selbst: Lassen Sie es. Man müsste endlich mal so richtig dumm werden, weil die ganzen Dummen, die man kennt, so unfassbar zufrieden wirken: Das war auch nicht die beste Idee meines Jahres. Auch müsste man endlich mal den verdammten Vogel fangen, der den Programm-Ende-Pieps der Waschmaschine so täuschend echt imitiert, dass man immer wie ein Trottel mit Wäschekorb vor der noch rotierenden Trommel steht. Heute weiß ich – und Sie wissen es bald auch: Einen talentierten Vogel einfangen zu wollen, ist nicht nur wider das Tierwohl, es bringt auch nichts.

Tiere sind uns in der Gestaltung ihres Alltags ohnehin überlegen. Sie denken nicht groß, sie machen einfach. Der Waschmaschinen-Vogel hat sich ja ganz sicher nicht gedacht: »Haha, den Wäsche-fertig-

Pieps vom Jaud müsste ich mal imitieren, das gäbe vielleicht einen Spaß!«

Und auch bei unseren frisch adoptierten Kätzchen Fanny und Coucou finden sich zwischen den Schnurrhaaren keinerlei Konstrukte wie: »Man müsste echt mal alle Pflanzen umwerfen, den Trinkbrunnen zerlegen und auf den neuen Teppich kotzen.«

Nein, sie machen es einfach. Natürlich verzeihen wir unseren süßen Napfnasen ihre kindlichen Streiche, denn sie schauen ja so unschuldig, wenn man sie vor dem zerfetzten Design-Fadenvorhang erwischt hat. Außerdem riechen ihre Pfoten phantastisch.

All das sind durchaus beneidenswerte Katzenwaffen. Ich jedenfalls käme sicher nicht damit durch, wenn ich sämtliche Kosmetik meiner Frau verschüttet hätte und sie als Entschuldigung mit treudoofem Blick an meinen Füßen schnuppern ließe. Verstehen Sie mich nicht falsch: Meine Füße sind seit den 40-fach Payback-Punkten auf Körperpflege bei dm stets gewaschen, aber zu meiner Cashback-Sucht kommen wir später.

Vieles in meinen Gute-Laune-Storys ist mir übrigens tatsächlich passiert. Als begeisterter Geschichtenerzähler und vehementer Witzaktivist habe ich meine Erlebnisse allerdings ein wenig aufgehübscht und ordentlich dramatisiert. Wenn Sie also ein empfindsames Gemüt haben und sich an der ein oder anderen Stelle denken, »Das kann man dem Jaud nicht durchgehen lassen, da müsste man sich mal vor sein Büro kleben!«: Lassen Sie es. Denn zum einen ist mein satirisches Ich nicht justiziabel, zum anderen führe ich stets einen großen Eimer mit extrem starkem Klebstoffentferner mit mir (6-fach Punkte bei Amazon auf Produkte in der Kategorie Verkehrssicherheit).

Nun wünsche ich aber wirklich ein außergewöhnlich schönes Verweilen mit meinen fünfzehn neuen Alltagseskalationen. Mein Verlag hat gesagt, *man müsste mal* erwähnen, dass diese noch lustiger seien als die aus dem ersten Band. Das habe ich hiermit getan. Wusste ich doch, dass ich das wieder machen muss.

PUNKTLANDUNG

In meiner ersten, erbarmungslos halbwahren Geschichte möchte ich Ihnen berichten, wie eine fürchterliche Sucht fast mein Leben zerstört hätte. Mein Verhalten war komplett außer Kontrolle geraten, doch ich konnte nichts tun – die Sucht war übermächtig. Tatsache ist: Auf dem Höhepunkt meines tollkühnen Ritts in den Abgrund war ich nur noch ein Schatten meiner selbst. Tatsache ist aber auch, dass es meine Sucht offiziell gar nicht gibt. Oder geben darf? Googelt man nach ihr, findet man rein gar nichts. Umso wichtiger ist es mir daher, meinen Leidensweg mit Ihnen zu teilen. Denn es kann jeden erwischen. Ja, auch Sie!

Ich habe recherchiert: Die meisten Süchte werden zunächst heimlich ausgelebt. So war es auch bei mir. Mein Umfeld konnte mein inneres Martyrium also gar nicht erkennen, es war ein Geheimnis. Nur REWE, dm und Amazon wussten Bescheid, Aral, Apollo, Baby Walz, Fressnapf, mymuesli, BurdaDirect und natürlich Herr Maurer von Sky. Sie ahnen es längst: Ich war süchtig nach Payback-Punkten.

Statt meine wertvolle Zeit aktiv für YouTube, TikTok und Insta zu nutzen, scrollte ich ohne Sinn und Verstand durch die neuesten eCoupons der Payback-App: 10-fach-Punkte auf Produkte der Kategorie Garten bei Amazon? Wenige Minuten später lag eine Akku-Astschere in meinem Warenkorb. 15-fach für Online-Einkäufe bei Tchibo? Binnen Sekunden tauchte ich in die Themenwelt »Küchenhelden« ein und erwarb ein formschönes Schneidebrett mit herausnehmbarer Küchenwaage.

Ich unterbrach sogar einen morgendlichen Videocall mit meiner Verlagslektorin, weil es bei Aral nur bis zehn Uhr 150 Extrapunkte auf einen Kaffee gab. Natürlich hab ich mich gleich am Nachmittag bei ihr entschuldigt: mit 100 Packungen Eisbergsalat (12-fach auf Florette-Salate UND 2.000 Extrapunkte für die erste Bestellung beim REWE-Lieferservice).

Ausreden für mein erratisches Verhalten hatte ich immer. Akku-Schere: Der Blauregen im Innenhof sei nur mit Körperkraft nicht mehr in Schach zu halten. Aral-Kaffee: Mein linker Autoreifen habe zu wenig Luft, da müsste man mal schauen, und Tchibo-Silikontablett: Snackwürste für Kätzchen schneide man hygienischer auf einem solchen Brett und nicht auf der Küchenarbeitsplatte.

»Aber wir haben doch gar keine Katzen!«, wandte meine Frau ein.

»Stimmt. Was natürlich sehr, sehr schade ist.«

»Ach, plötzlich?«

Eines führte zum anderen, und schließlich öffnete meine Frau nach gut vier Wochen überglücklich das Türchen unserer neuen Katzentransportbox (10-fach-Punkte für Neukunden bei Fressnapf), und zwei flauschige Britisch-Kurzhaar-Kitten tapsten heraus.

»O Gott, sind die süß!«, jubilierte meine Frau und schnappte sich gleich eines der Kätzchen.

»Sehr süß!«, bestätigte ich lachend, denn auch ich war in einer Art Freudenrausch. Hatte ich doch vor meiner Katzenzusage akribisch errechnet, dass uns zwei kleine Napfnasen bei einer durchschnittlichen Lebenserwartung von 15 Jahren mindestens 100 000 Punkte für Futter, Streu und Spielzeug einbringen würden und somit mindestens einen gemeinsamen Flug nach Hawaii. Wie man mir zugetragen hatte, ließen sich Payback-Punkte nämlich eins zu eins in Lufthansa-Meilen tauschen.

Die beiden putzigen Fellfürze waren freilich erst der Anfang. Ich wechselte den Stromanbieter (1.000 Extrapunkte bei Lichtblick), kündigte bei Vodafone (8.000 Extrapunkte auf einen MagentaZuhause-Neuvertrag) und zahlte meine wöchentliche Zahnbehandlung mit der nigelnagelneuen Payback-Kreditkarte (1 Punkt pro Euro). Leider war mein Zahnarzt irgendwann der Meinung, dass bei mir nun wirklich alles gemacht sei.

»Aber irgendwo ist doch sicher noch was!«

»Nein, Tommy. Wir haben alles gemacht.«

»Aber die Krone hier wackelt, oder?«

»Tut sie nicht.«

»Wie wäre es mit einer neuen Schnarchschiene? Die sind doch schön teuer!«

»Ja, aber du hast schon drei.«

»Prophylaxe?«

»Ab der zehnten kann ich das medizinisch nicht mehr rechtfertigen.«

»Dann wenigstens eine Wurzelkanalbehandlung! Ich hätte noch Zeit, bis Alnatura zumacht.«

»Ich leider nicht. Schönes Wochenende.«

In meiner Enttäuschung über die entgangenen Punkte kaufte ich bei bücher.de sofort 200 Exemplare meines letzten Buches. Ein Fehlschlag, wie ich bald feststellen musste: Für den Aufstieg von »Komm zu nix« von Rang 79 auf 78 in den Buch-Charts wurde meine Payback-Visa-Karte mit dreitausend Euro belastet, was mir sehr viel mehr Kosten als Punkte brachte. 5-fach-Punkte für meinen Kauf gab es nämlich gar nicht, denn wegen der Buchpreisbindung sind Bücher von der Bepunktung ausgeschlossen.

Ich war so sauer, dass ich mein eigenes Buch mit nur einem Stern bewertete und die vier Pakete von bücher.de im Bürokeller hinter den drei Heißluftfritteusen versteckte (12-fach bei Severin). Eigentlich hätte ich spätestens hier skeptisch werden müssen, was mein Verhalten angeht. Ich wurde es nicht.

Im Rückblick ist es schon verwunderlich, dass es ausgerechnet mich erwischt hatte. Mich, den einst größten Payback-Gegner südlich des Polarkreises!

Noch vor einem Jahr hatte ich jede gegen das verschmierte Kassenplexiglas geschnodderte »Payback?«-Frage mit einem süffisanten »Natürlich nicht« erwidert. Für all jene, die stolz ihre jämmerlichen Cashback-Kärtchen oder das Handy zückten, hatte ich nur Verachtung übrig. Warum sollte ich den raffgierigen Konzernen für ein paar lausige Cents verraten, dass ich stets nach 19 Uhr Fleisch, Rotwein und Zigaretten einkaufte? Die Daten würden sicher schneller an meine Krankenkasse gehen, als ich wieder zu Hause wäre.

Nun weiß ich: Wenn ich die Krankenkasse wechsle, bekomme ich 3.000 Punkte von Check24. Damals dachte ich anders. Was hätte ich für die kärglichen Sammelpunkte schon bekommen? Ein »Bild der Frau«-Abo? Ein Strandboccia-Set? Eine Alpaka-Wanderung mit der Tante von Jochen Schweizer? Payback war totaler Bullshit und alle, die mitmachten, so dumm wie eine blökende Herde, die von einem blauen Payback-Schäferhund gehütet wurde.

Das war meine Überzeugung bis zu jenem Abendessen mit unseren lieben Nachbarn, den Lendts, bei dem mir Oskar, kurz Oski, nicht ohne Stolz erzählte, dass ihr Portugalurlaub sie so gut wie nichts gekostet hätte. Als ich ihn verdutzt fragte, wie so was gehe, tuschelte er mir ins Ohr:

»Mit dem Payback-Meilen-Abo … Kannst du auch machen …«

»Ich? Ha! Im Leeve nit!«

Nur eine Woche später war ich stolzer Besitzer mehrerer neuer Kreditkarten und verbrachte schlaflose Nächte, weil die neuen eCoupons erst um Mitternacht in der App standen. Besonders aufgeregt war ich vor REWE-Superpunktetagen (20-fach auf alles).

Oski und ich wurden bald zu einem verschworenen Team, das sich bei Telegram heimlich über die neuesten Aktionen und Coupons austauschte. Meine tollkühne Katzenaktion nötigte ihm gehörigen Respekt ab, lag ich doch nunmehr in Punkten nur noch knapp hinter ihm. Umso erbarmungsloser schlug er zurück. An unserem Dachterrassenmäuerchen gestand er mir grinsend bei einem Glas Rosé (6-fach bei Weinfreunde), dass er und seine Frau nun doch noch ein Kind wollten.

»Du verarschst mich!«, stammelte ich, »warum das denn plötzlich?«

»Ganz einfach. Ich hab das mal durchgerechnet: Bis zum Abi sind da gut und gerne drei Millionen Punkte drin!«

Zitternd löste ich den ersten Knopf meines neuen, azurblauen Polos (5-fach bei herrenausstatter.de). Ein solches Verhalten war asozial, schamlos und zudem altersdiskriminierend! Oski wusste genau, dass meine Frau und ich das Thema Kinder abgeschlossen hatten. Immerhin gelang es mir, ihn ebenfalls zu verwirren:

»EIN Kind nur? Da lasst ihr ja ordentlich Punkte liegen!«

Oski und sein Rosé starrten mir verdutzt hinterher, als ich nach drinnen eilte.

»Schatz?«, sagte ich zu meiner Frau. »Wir müssen da noch mal reden.«

Leider wollte meine Frau lieber die zweite Staffel »The White Lotus« schauen, statt an lukrativen Mehrlingen zu arbeiten. Jetzt, wo wir alle Kanäle von Sky hatten (500 Punkte pro Abo), war das natürlich verständlich.

Das Seltsame war, dass sie mein neues Verhalten nie wirklich hinterfragte. Im Nachhinein weiß ich, warum: Schließlich befriedigte MEINE Sammelsucht auch unendlich viele IHRER Wünsche. So erfreute sich die geschickteste Ehefrau von allen an recht vielen Gutscheinen für Swarovski, Ralph Lauren und Douglas.

Zu einem ernsten Gespräch mit ihr kam es erst, als ich nach dem Büro mit blauen Haaren heimkam. Der Grund war ein 40-fach-eCoupon (!) auf Haarcolorationen von dm. Nun wurde meine Frau doch stutzig und wollte wissen, was genau mit mir los sei. Ich hatte keine Antwort parat und flüchtete in unsere kleine Haushaltskammer, wo ich mehrere Kilo

Päckchen mit Katzenfutter alphabetisch ordnete: Animonda, Cat's Love, Felix …

»Kommst du da noch mal raus?«

»Ich arbeite!«

Happy Cat, IAMS, Kitty's Cuisine, Mjammjam …

»Aber irgendwas ist doch mit dir. Jetzt komm raus, bitte!«

Royal Canin, Schmusi, Sheba und Wildes Land. Das war's. Kleinlaut öffnete ich die Tür und brach in Tränen aus. Meine Frau umarmte mich, und schließlich rückte ich mit der Sprache raus.

»Ich hab's nicht mehr im Griff mit den Punkten!«

»Sind deswegen deine Haare blau?"

„Nein. Es ist wegen dem 15-fach-Colorations-Coupon.«

»Du hättest die Coloration ja auch nur kaufen können.«

»Darauf bin ich nicht gekommen …«, weinte ich und merkte, wie ich schon wieder nach meinem Handy schielte, um nach Haarentfärber-Coupons zu suchen.

Meine Frau war entsetzt. Über mich, aber auch über sich, weil sie es nicht mitbekommen hatte. Die Katzen, die vielen neuen Polohemden und die drei Kaffeevollautomaten!

»Wir haben das alles also nur wegen irgendwelcher Freiflüge?«

»So kann man das nicht sagen, es gibt auch Prämien und Upgrades, und man kann mit den Punkten auch bezahlen.«

»Aber die Kätzchen haben wir nicht deswegen, oder?«

»Natürlich nicht. Die beiden sind mir schon so ans Herz gewachsen. Ich liiiiiebe Ferdi und Loulou!«

»Fanny und Coucou!«

»Natürlich.«

»Was ist mit meinen Gutscheinen? Hast du die wirklich gewonnen?«

»Ich hab sie … gekauft. Gab Punkte. Viele Punkte.«

»Und meine goldene Halskette? Waren da wirklich 95 % Rabatt drauf?«

»Nein, aber ich hab sie mit der Payback-Visa bezahlt.«

»Aber das kostet doch alles ein Vermögen! Haben wir denn überhaupt noch Geld?«

Ich senkte den Kopf.

»Tommy??«

»Nein, aber das ist auch besser so: Bei Check24 gibt's 6.000 Extrapunkte für Kredite ab 10 000 Euro!«

Noch am selben Abend fuhr ich mit meinem bei Sixt geleasten Porsche (2.500 Punkte pro Abschluss) zu einem Treffen der Anonymen Punktoholiker. Da ich an diesem Tag klein mit Hut war, stieß mein Kopf zum ersten Mal nicht ans Verdeck.

Das Treffen fand in einer ehemaligen Lagerhalle

neben der Kölner REWE-Zentrale statt. Ein gutes Dutzend geduckter Konsumopfer hatte sich in einem Halbkreis auf Stühlen formiert, so wie man das aus Filmen kennt. Einer von ihnen war mein Nachbar Oskar; er war nicht mal überrascht, mich zu sehen.

Als wir alle saßen, fragte mich eine mittelalte, brünette Punktologin, ob ich mich vorstellen oder erst mal nur zuhören wolle. Ich wollte erst mal nur zuhören.

Ein beschämter Priester berichtete davon, dass er bereits eine halbe Million Punkte gesammelt hatte, indem er sämtliche Ausgaben seiner Gemeinde über Payback laufen ließ, sogar den Messwein, die neuen Glocken und den Orgelspieler.

Ich schlug ihm vor, die Gemeinde mit einem *Pray*Back-Programm an den gesammelten Punkten zu beteiligen, also zum Beispiel 10-fach für Gebete vor Sonnenaufgang.

Die Punktologin wies mich zurecht. Ich sei albern und hätte die Problematik und den Ernst der Situation offenbar noch nicht ganz verstanden. Die Sucht nach Bonuspunkten habe ihren Ursprung nämlich in fehlender Anerkennung. Programme wie Payback, Miles & More und die Douglas Beauty Card nutzten diese Schwäche geschickt aus und belohnten die Konsumenten für gewünschte Aktivitäten, was dann über eine Dopamin-Ausschüttung das sehnlich erhoffte, positive Gefühl auslöse. Daher seien gerade solche Menschen gefährdet, bei denen im Alltag Belohnungen oft ausblieben, also Pfarrer, Hausfrauen und Autoren.

Außerdem bediene die Punktesammelei den im Alltagswahnsinn verschütteten Urinstinkt des Sammelns und Jagens. Schließlich hätten wir der Familie am Ende unseres Arbeitstages ja nicht wirklich etwas vorzuweisen, im Gegensatz zu unseren Vorfahren. Payback-Punkte also statt Rotwild mit Pilzen. Da hatten wir es: Payback war nichts anderes als ein Neandertaler-Algorithmus für die Schwächsten der Gesellschaft! In diesem Augenblick wurde mir klar: Den kostenlosen Sehtest bei Apollo würde ich absagen.

Am nächsten Tag diskutierten meine Frau und ich angeregt, wie ich dem Wahnsinn entrinnen könne. Ich wollte ein für alle Mal von Payback loskommen, bevor es meine Ehe und meine Karriere pulverisierte.

Meine Frau war voller Verständnis ob meiner Einsicht und wollte mir helfen. Um mich zu entwöhnen, suchten wir nach einem Land ohne Payback-Programm. Das war gar nicht so einfach: Italien, Kroatien und Österreich, in all diesen Ländern gab es Payback, ja sogar Mexiko war seit 2012 dabei (1.000 Extrapunkte für Geiselnahmen vor 14 Uhr).

Lediglich in Frankreich kannte man Payback nicht, was vermutlich daran lag, dass die Franzosen weder

Englisch noch Deutsche mögen und die französische Übersetzung für Payback viel zu lang war: »Voulez-vous récupérer de l'argent?« Ein wahrer Zeitfresser an der Kasse.

Also ging es nach Südfrankreich. Flug, Airbnb und den kleinen Mietwagen zahlte ich noch mit meinen angesparten Punkten, dann löschte ich die Apps. Nun war Schicht im Karton. Ich war auf null. In der Payback-Gosse. Ein Cashback-Nichts. Es war ein seltsames, aber auch gutes Gefühl.

Trotz meines Punkteentzugs hatten wir eine schöne Zeit. Wir baladierten durch die Gegend, mangierten in einem der vielen Restaurants und apprenierten die Landessprache, also Russisch. Unseren süßen Kätzchen Flecky und Huhu gefiel vor allem das Gärtchen unseres Ferienhauses. Zum ersten Mal in ihrem kurzen Leben durften sie nicht nur chinesische Stoffmäuse jagen, sondern echte Mäuse. Und auch ich entspannte mich: Endlich konnte ich kaufen, was ICH wollte und nicht Payback. Ich konnte sogar gar nichts kaufen, das war das Allerbeste.

Leider fiel meiner Frau ein Paar wirklich toller Lederschuhe im Schaufenster einer Boutique ins Auge. Mit vierhundert Euro waren sie ihr aber zu teuer, und weil auch die Besitzerin nicht mit sich handeln ließ, beschloss meine Frau, dass die Boutique ihre Schuhe behalten sollte.

Ich lobte ihre konsumkritische Einstellung und schielte auf das große Casino am Kreisverkehr. Sicher gab es dort auch Roulette. Ich liebte Roulette, auch wenn ich als Kind am Wohnzimmertisch meine ganzen Süßigkeiten gegen meinen Vater verloren hatte. Und dann schoss ein wohlvertrautes Glücksgefühl durch meine erschlafften Adern. Denn was ich da hatte, war nichts anderes als eine Idee von Weltrang: Ich würde meiner Frau ihre schönen Schuhe einfach heimlich im Casino erspielen!

Mit der Ausrede, ich müsse nach dem geparkten Auto sehen, eilte ich in die heiligen Spielhallen. Und siehe da: Die Sonne hatte ihre dunkle Glut noch nicht mal ins Mittelmeer getaucht, da hatte ich schon dreitausend Euro verloren. Doch als ich am Boden zerstört die Quittungen durchsah, gab es einen Lichtblick: In der Aufregung um die Schuhe hatte ich die Roulette-Chips mit meiner Payback-Visa bezahlt. Und wie soll ich es sagen: 3.000 Punkte sind 3.000 Punkte.

GLUTEUS MINIMUS

Mein zweites Malheur ereignete sich an einem frühen Dienstagmorgen des letzten Jahres gegen 11 Uhr. Ich bereitete meiner Frau gerade liebevoll ihren Milchkaffee zu, als sie beiläufig und hinter meinem Rücken anmerkte, dass ich gar keinen Arsch hätte. In kometenhafter Geschwindigkeit rotierte mein perfekter Körper von unserem Kaffeevollautomaten zum Frühstückstisch, wo die Angeheiratete kritisch meine adoneske Körpermitte fixierte. Unsere Blicke trafen sich, und ich stammelte:

»Wie … meinst du das: Ich hab keinen Arsch?«

Die Frühstückende nahm gelassen ihre Füße vom Esstisch und legte ihr Handy zur Seite.

»Nicht sauer sein. Ich find's nur irgendwie seltsam. Weil, du bist ja eigentlich ein sportlicher Typ: trainierte Beine, groß, fast kein Bauch, nur in der Mitte ist irgendwie nix. Also hinten.«

Das war recht viel auf einmal, so dass ich mich erst mal sammeln musste. Nach einer gefühlten Minute wiederholte ich perplex:

»Hinten in der Mitte ist nix?«

Dann lief gurgelnd der Milchschaum über. Ich

drückte die Taste »Abbrechen« und versuchte, eine Ansicht meines prächtigen Hinterns zu erhaschen. Aufgrund eines Bandscheibenvorfalls gelang mir jedoch nur ein Drehwinkel von gut einem Grad.

Meine Frau rechtfertigte sich:

»Is' wirklich nicht böse gemeint. Nur irgendjemand muss es dir mal sagen. Du siehst es ja nicht.«

»Okay …?!«

Erschüttert brachte ich meiner Frau ihren übergelaufenen Milchkaffee ohne Zucker. Zum ersten Mal konnte ich als Mann erahnen, wie sich schöne junge Mädchen bei Germany's Next Topmodel fühlen: schlecht.

Ich setzte mich, auch wenn das nach Ansicht meiner Frau anatomisch gar nicht schmerzfrei möglich war, und studierte ihre Mimik. Da war nicht der Hauch eines schlechten Gewissens! Da war eher ein amüsiertes, fast süffisantes Lächeln. Ich konzentrierte mich und sprach mit fester Stimme:

»Woher willst du denn wissen, ob ich meinen Arsch nicht sehe?«

»Weil er hinten ist. Und du wegen deiner Bandscheiben nur nach vorn schauen kannst.«

»Und wie, glaubst du dann, dass ich einparke?«

»Das würde die HUK-Coburg vermutlich auch gern wissen.«

»Das andere Auto war asphaltfarben, und ich war im Stress!«

»Also Teilschuld beim Halter des asphaltfarbenen Fahrzeugs?«

Die Schlagfertigkeit meiner Frau war schon öfter ein Problem gewesen. Ich ignorierte sie und griff zu meinem neuen induktionsbetriebenen Tabakerhitzer, um meine Emotionen und Hormone zu sortieren.

Natürlich sah meine Frau, was in mir vorging, und nahm zärtlich meine Hand.

»Tut es denn sehr weh beim Sitzen?«

Ich zog die Hand zurück.

»Schatz? Es reicht!«

»Ach, Mann. Das hast du jetzt komplett in den falschen Hals bekommen.«

»Einen falschen Hals und keinen Arsch! Noch was?«

»Schatz, bitte. Es ist mir halt aufgefallen, als du mir meinen Kaffee gemacht hast. Danke dafür übrigens. Zucker fehlt.«

»Den müsste man am Tisch haben.«

»Ja, genau. Müsste man.«

»Jetzt mal im Ernst: Du kannst doch einem Mann nicht einfach sagen, dass er keinen Arsch hat, wenn er dir gerade einen Kaffee macht. Ich sag dir ja auch nicht beim Wäschesortieren, dass du keine Titten hast!«

Das Gesicht meiner Frau erstarrte. Sie stellte ihre Tasse ab und fauchte mich an.

»Spinnst du? Natürlich hab ich Titten! Hier!«

Beleidigt drückte meine Frau ihre Brüste zu einem oktoberfestartigen Dekolleté zusammen.

»Schau! Titten!«

Ich stöhnte.

»Das war doch nur ein Beispiel, damit du siehst, wie so eine sexistische Bemerkung ankommt.«

»Eine Frau kann gar keine sexistischen Bemerkungen machen!«

»O doch, das kann sie. Ich fühle mich nämlich verletzt, und nur das zählt.«

»Danke für die Idee. Ist eine tolle TV-Serie: ›*Plötzlich woke!*‹ Ein in die Jahre gekommener Autor läuft gegen ein E-Bike, und als er im Krankenhaus wieder wach wird, ist er ein emotionales Wrack, das alle außer sich selbst für das Leid der Welt …«

»Ja nee, is klar. Abgesehen davon mag ich deine Brüste.«

»Danke. Ich würde deinen Arsch auch lieben. Also, wenn du einen hättest.«

»Sag mal: Hast du was genommen?«

»Wir haben ja nix.«

Das war nun wirklich einer zu viel. Ich stand auf, stellte meine Tasse in die Spülmaschine und untersuchte die Medikamentenschublade. Wir hatten tatsächlich nichts. Dann peilte ich die Treppe in die untere Etage an.

»Ach, Schatz!«, rief mir meine Frau nach, »wo willst du denn hin?«

»Ich dusch mich. Geht sicher schnell, weil mir ja ein Körperteil fehlt!«

Ich war schon außer Sichtweite, doch meine Frau sprach weiter:

»Ich meine ja nur: Vielleicht gehen deine Rückenschmerzen weg, wenn du deinen Hintern trainierst, und dann läufst du auch wieder gerade, und dein Bein hört auf zu zucken.«

Ich ging wieder eine Stufe nach oben.

»Spinnst du? Der zuckende, arschlose Krüppel soll mehr Sport machen?«

Nun war meine Frau sauer.

»Mann! Ich wusste, dass das schiefgeht. Die kleinste Bemerkung, und du bist angefressen! Warum bist du denn so dünnhäutig plötzlich?«

»Dünnhäutig? Du sagst deinem Mann beim Frühstück, dass er keinen Arsch hat, und erwartest einen Freudentaumel? Bei dir hakt's doch! Aber gut. Ich komme zurecht. Und weißt du, warum? Weil es mir nämlich scheißegal ist, ob ich einen Arsch habe. Und jetzt geh ich duschen!«

Es war mir tatsächlich wumpe, wie mein Hintern aussah. Dass ich einen hatte, wusste ich ja, was sonst trocknete ich denn nach dem Duschen ab? Meinen verlängerten unteren Rücken? Meinen obersten Oberschenkel? Genau inspiziert hatte ich meinen Hintern allerdings noch nie. Warum sollte ich auch: Ich war ja glücklich verheiratet.

Meine Rückenschmerzen waren natürlich schon ein Punkt, da – das wusste ich von meinem Physio-Kumpel Matze – der Hintern vor allem aus Muskeln bestand. Vielleicht waren meine ja tatsächlich zu schwach und brachten damit meinen rüstigen Rumpf in die Dysbalance? Da müsste man schon mal was machen, da konnte man ja mal einen schnellen Blick drauf werfen.

Ich zog mich also aus und stellte mich vor unseren großen Badspiegel. Zum ersten Mal fiel mir auf, dass dieser offensichtlich von einem ehemaligen Basketballer montiert worden war: Er hing so hoch, dass ich mich nur bis zum Bauchnabel sah. Sachtemang bestieg ich unseren geflochtenen Wäschekorb und drehte mich vorsichtig zur Seite. Die Besteigung des Korbes war wegen meiner bekannten Rotationseinschränkung ein Misserfolg. Meinen Hintern zu betrachten, war jedenfalls exakt so unmöglich, wie eine Schiebetür nach vorn zu öffnen. Also tastete ich nach dem Handy, stellte mich rücklings auf den Korb und fixierte über die Schultern hinweg meine Rückseite im Bildschirm. Lange ging das nicht gut.

Noch heute habe ich das hochaufgelöste Blitzfoto meiner schreckerstarrten Frau im Spiegel, die in diesem Moment das Bad betrat. Und noch bevor ich etwas zu ihr sagen konnte, krachte ich in meine eigene 40-Grad-Wäsche.

»Was machst du da?«, lachte meine Frau, kam

dann aber sofort ihren geriatrischen Pflichten nach.

»Ich wollte meinen Arsch sehen!«, grunzte ich kleinlaut und ließ mich hochziehen.

Meine erbarmungslose Frau grinste noch immer.

»Lass MICH doch das Foto machen!«

»So weit kommt's noch, dass DU mit MEINEM Handy meinen Arsch fotografierst.«

»Ich kann auch meins nehmen …«

In der Bahn zum Büro starrte ich auf das von meiner Frau produzierte Abbild des Grauens meines verlängerten Rückens. Da war ja wirklich nichts. Also rein gar nichts! Mein Rücken ging einfach so ins Bein über, und das auf beiden Seiten. Da, wo früher mal mein Hintern gewesen sein musste, blickte man nun auf einen frisch ausgerollten Pizzateig, in dessen Mitte ein mäßig begabter Pizzabäcker einen Spalt geschlagen hatte.

Passenderweise fuhr die Bahn gerade am Melaten-Friedhof vorbei. Wehmütig blickte ich auf die vorbeihuschenden Bäume hinter der Friedhofsmauer. Dort irgendwo lag mein alter Arsch. Ich würde auf dem Nachhauseweg aussteigen und eine Kerze für ihn anzünden.

Ich bemerkte, dass die ältere Dame auf dem Sitzplatz neben mir betroffen auf mein Handy schaute.

»Die wenigsten machen ihren Pizzateig noch selbst«, sagte sie.

Ich stimmte ihr freundlich zu und verließ die Bahn zwei Haltestellen vor meinem eigentlichen Ausstieg.

Auf dem Fußweg zum Büro begutachtete ich jeden einzelnen Männerarsch. Da mein Büro in der Kölner Innenstadt liegt, fiel das nicht weiter auf. Nur als ich einen türkischstämmigen Berufsschüler darum bat, kurz seinen Beşiktaş-Rucksack abzunehmen, damit ich seinen Hintern sehen konnte, drohte ein kleines Handgemenge. Ich konnte aber schnell deeskalieren, indem ich die Frage, ob ich ein perverser Vollspast sei, ausdrücklich bejahte.

Im Büro googelte ich sofort »Po größer ohne OP«, »Übungen Knackarsch« und schaute das YouTube-Video »Hilfe, mein Arsch ist tot«.

Dann las ich, dass es gerade Trend ist, sich so zu akzeptieren, wie man ist. Schön. Aber das tat ich ja! Das Problem war, dass mein eigener Arsch mich nicht akzeptierte. Denn wenn er es täte, warum bereitete er mir dann durch seine Absenz derart schlimme Rückenschmerzen? Es half alles nichts: Ich musste ihn trainieren!

Bei einer großen Portion V8 (Speck und Grill) von meinem Lieblingsvietnamesen Long las ich alles über professionelle Po-Übungen wie Squats, Lunges, Bridges, Deadlifts und Planks. Bei Amazon bestellte ich insgesamt 200 kg Gewichte (8-fach Punkte in der Kategorie Sport) und bei Long einen Bananenkuchen mit Kokosnusssoße.

Am frühen Nachmittag fing ich meinen Physio-Kumpel Matze vor seiner Praxis ab.

»Matze! Du musst mir helfen! Ich hab keinen Arsch!«

»Weiß ich.«

»Warum weißt du das?«

»Du bist bei mir in Behandlung.«

»Und warum hast du nie was gesagt?«

»Solange deine Hose nicht rutscht, wird's dich nicht so stören, dachte ich.«

»Falsch. Wir müssen was machen.«

»WIR?«

Ich überredete Matze mit einem Trick zum Feierabendbier beim Mexikaner neben seiner Praxis.

»Ein Bier für jede Übung?«

»Cool. Bin dabei!«

Beim Burrito schlug Matze vor, ich solle beim Treppensteigen zwei Stufen auf einmal nehmen. »Glaub mir«, schmatzte er und winkte sich ein neues Corona herbei, »regelmäßig zwei Stufen, das macht echt Arsch. Und dein Büro ist doch im fünften Stock.«

»Ich hab aber 'n Aufzug. Und das ist dein zweites Bier bei nur einer Übung!«

»Eine Übung, aber zwei Stufen!«

Ich ließ ihn gewähren, schließlich waren mein

Arsch und ich in der schwächeren Position. Matze kannte mich aus weit über eintausend Behandlungen. Dass ich nie selbst irgendwas für meine Fitness tat, nervte ihn so sehr, dass er einmal sogar ein Handtuch nach mir geworfen hatte: »Wegen so faulen Säcken wie dir mach ich mir doch nicht die Hände kaputt!« Ich versicherte ihm, dass es dieses Mal anders wäre: Ich würde in jedem Fall etwas tun. Er solle mir einfach die effektivsten Übungen nennen, und die würde ich dann auch machen.

»Okay, du Pfeife. Du bekommst eine einzige Übung, aber die musst du durchziehen. Die macht sofort Arsch!«

»Ich versprech's! Wie geht die?«

»Hast du denn irgendwelche Knieprobleme?«

»Spar dir deine Pseudo-Anamnese: Wie geht die Monster-Arschübung?«

Ich bestieg die Bahn nach Hause zünftig bezecht und hochgerüstet mit der weltbesten Arschübung: der einbeinigen Kniebeuge. Und weil der Wagen fahrgastfrei war, probierte ich die Übung gleich aus. Es knackte kurz, dann lag ich auf dem Boden. Die Schmerzen habe ich bis heute nicht vergessen. Eine halbe Stunde später half mir eine verdutzte Straßenbahnfahrerin im KVB-Depot Braunsfeld wieder aus der stabilen Seitenlage.

»Um Himmels willen, was haben Sie denn gemacht?«

»Sag ich nicht.«

Ein Lächeln huschte über das Gesicht der Fahrerin.

»War's vielleicht eine Arsch-Übung?«

Die Diagnose der Ärztin, die mir kurz vor Mitternacht im Dreifaltigkeits-Krankenhaus die Kniescheibe zurechtzimmerte, lautete Patellaluxation. Sie spendierte eine Ibuprofen-Infusion, eine kühle Bandage und ein Sportverbot. In zwei Monaten sollte ich dafür umso konsequenter trainieren, denn schuld an meinen Leiden sei eine gravierende Dysbalance im Bereich meines Gluteus minimus. Ich fragte, was denn wohl ein Gluteus minimus sei.

»Das is' Lateinisch für kein Arsch.«

Kleinlaut bedankte ich mich und blickte durch die transparente Infusionslösung hindurch in den Krankenhausflur. Und hielt die Luft an: Die Patientin am Tropf, die gerade auf einer Liege vorbeigeschoben wurde, war meine Frau!

Die Verarztende bemerkte meinen Blick und klärte mich auf: »Kam eben rein. Quetschungen im Brustwirbelbereich. Machen Sie niemals alleine mit Kurzhanteln rum, nur weil Sie Brust trainieren wollen.«

Noch im Krankentransport nach Hause vereinbarten meine Frau und ich ein beidseitiges Mops- und Arschmoratorium zum Wohle unserer Ehe. Wir fertigen sogar ein Plakat für unser Fenster: »Keine Wohnung für Sexismus!«

Unsere einzige Regel hieß ab sofort: Über Arsch und Titten wird nicht gestritten.

DUMM UND DÜMMER

Viele sagen ja, die künstliche Intelligenz stelle eine große Bedrohung für uns dar oder bedeute den Untergang der Welt. Ich halte dagegen und frage: Was soll die angeblich so imposante Entwicklung der KI denn für eine Chance haben gegen die ND, also gegen die natürliche Dummheit? Die KI hat gegen die ND nicht den Fitzel einer Chance, denn das Ausmaß der natürlichen Dummheit ist einfach zu gewaltig.

Meine aufmerksamen Leserinnen und Leser haben dies erfreulicherweise längst bemerkt. So berichtete mir Evelyn via Facebook von einer Kollegin, die wissen wollte, ob der Ostermontag dieses Jahr wieder auf den Sonntag falle.

IT-Support-Mitarbeiter Thorsten verwirrte am Telefon einen Kunden mit der simplen Frage, welches Ende des Kabels denn nun nicht passe. »Mein Kabel hat nur ein Ende!«, polterte der Kunde.

Und dann war da noch der Mitarbeiter eines Baumarktes, der Leser Matthew den Mund gar bis zum Parkplatz offen stehen ließ: Matthew hatte im Markt auf der Suche nach einem Einstechthermometer mit einer Skala bis 230 Grad nur Thermometer bis

150 Grad gefunden. Als er bei der Infobox nachfragte, ob es auch Thermometer bis 230 Grad gäbe, riet ihm der Mitarbeiter: »Nehmen Sie doch einfach zwei.«

»Dumm müsste man sein …«, stöhnte auch mein Nachbar Oski, als ich ihm bei einem Feierabendkölsch über das Mäuerchen unserer Dachterrassen davon erzählte. »Mich hat gerade im Job jemand gefragt, ob er sich doppelt auf dem Bildschirm sieht, wenn er sich mit seinem privaten Laptop für einen Videocall im Firmenaccount anmeldet!«

»Praktikant, oder?«, lachte ich.

»Mein Chef. Und es war ihm nicht mal peinlich.«

»Du hast recht: Dumm müsste man sein.«

Ich blickte nach drinnen ins Wohnzimmer, wo unsere beiden Kätzchen gerade freudig dabei waren, sich im Karton mit dem aufgeklebten Retoure-Etikett selbst nach China zu verschicken. Offensichtlich waren unsere frisch adoptierten Napfnasen auch nicht wirklich die Hellsten.

Und dann machte ich einen Vorschlag, der mich und Oski eine ganze Weile beschäftigen sollte:

»Lass uns doch einfach auch dumm werden!«

»Und wie soll das gehen?«

»Ja, keine Ahnung, aber noch sind wir ja schlau und können es herausfinden.«

»Stimmt. Gute Idee. Also, ich wäre manchmal echt gerne dumm. Am besten so richtig dumm!«

»Ich auch!«, antwortete ich und verschluckte mich fast am Bier vor Begeisterung. »Stell dir vor, wie einfach alles wäre und wie zufrieden wir sein würden. Dein Chef würde dich lieben, und ich könnte endlich Bücher ohne jeden Tiefgang schreiben!«

»Na ja ... ›Vollidiot‹ war jetzt auch kein Shakespeare.«

»Ich dachte eher an Sachbücher so wie ›Der Idiot in dir muss Heimat finden‹.«

»Ha! Würde ich kaufen.«

»Da siehste mal. Prost!«

Meine Frau rief von drinnen, die ARTE-Doku »Katzen im Dritten Reich« sei endlich in der Mediathek, die müssten wir schauen mit den Katzen.

»Warum das denn?«, rief ich zurück.

»Fanny und Coucou sind Britisch Kurzhaar. Sie leben jetzt ja quasi beim Feind!«

»Die sind sieben Monate alt. Willst du sie damit schon belasten?«

»Irgendwann erfahren sie es sowieso.«

»Ich schau lieber Champions League.«

»Das kommt jetzt?«, rief Oski begeistert, und ich nickte.

»Ja, fängt gleich an!«

Ich verabschiedete mich und ging nach drinnen, um mir noch ein Bier aufzumachen und eine Fertigpizza zu essen. Auf dem iPad meiner Frau liefen schon die ersten Schwarzweißbilder von marschierenden Katzen. Ein Sprecher krächzte dazu im martialischen Wochenschau-Duktus: »Im Schlamm arbeitet sich eine Gruppe deutscher Rassekatzen unter dem Donner der Geschütze gen England.«

Die armen Tiere! Unter massivem Gefechtsdonner zog ich mich ins Gästezimmer zurück, wo die Bayern gerade ihre Schlacht gegen Manchester verloren. Die Sache mit der Dummheit hatte ich da schon wieder vergessen.

Bis ich eine Woche später feststellte, dass unsere blaue Altpapiertonne fehlte. Glücklicherweise waren die tapferen Müllwerker noch nicht weit gekommen, so dass ich mir einen von ihnen greifen konnte:

»Hallo? Unsere blaue Tonne ist weg!«

»War die voll oder leer?«

»Leer!«

»Dann fehlt ja nix.«

Sprach's und sprang auf das Trittbrett seines abfahrenden Müllmonsters. Ich starrte hinterher. Doch wo sich sonst Unverständnis und Wut in meinen Eingeweiden breitmachten, stellte sich nun eine tiefe Gewissheit ein: Der Zeitpunkt, dümmer zu werden, er war gekommen!

Oski war dabei. Er war heute von seinem Patensohn gefragt worden, ob es den Augen schaden könne, wenn man auf ein Foto von der Sonne schaut.

»Und? Was haste gesagt?«

»Dass er sich eine Sonnenbrille aufsetzen soll und erst am Abend draufschauen.«

»Das ist schon ziemlich dumm. Aber wir müssen ja so richtig dumm werden. Hast du denn eine Idee, wie wir das anstellen und vor allem: wie wir das dann messen?«

»Mhhh … was hältst du von einem IQ-Test?«

»Wenn dir das Ergebnis nicht peinlich ist.«

»Witzig, du müsstest mal was mit Comedy machen!«

»Also wir machen einen Test – und dann?«

»Wiederholen wir ihn in vier Wochen noch mal, und dann wissen wir, ob wir dümmer geworden sind.«

»Und wie machen wir das?«

»Sag ich nicht!«

Schon am nächsten Tag klickte ich im Büro auf einen Link, den Oski mir geschickt hatte. Es handelte sich angeblich um einen zuverlässigen und vor allem schnellen IQ-Test von Weltruf. Nicht ohne Aufregung begann ich mit dem Beantworten der vielen Fragen. Bei Frage 17 wurde ich mürrisch. *Welche Form fehlt? Wie viele Vierecke siehst du? Welche Zahl fehlt?* Es ging die ganze Zeit so!

»Woher soll ich denn wissen, welche Zahl fehlt?«, beschimpfte ich den Bildschirm, »vermutlich die, die ihr weggenommen habt, ihr Vollpfosten!«

Irgendwann war ich dennoch fertig, und als ich auf den Button »Testergebnis« drückte, las ich, dass man mir das Testergebnis für nur € 17,99 mailen würde. Wütend rief ich Oski an. Er meldete sich bestens gelaunt mit:

»114! Und du?«

»Du hast dafür bezahlt?«

»Ja, klar.«

»Sorry, aber das ist einfach nur dumm. Es gibt Hunderte Gratis-IQ-Tests im Netz.«

»Kann sein, aber du musst den gleichen machen, sonst können wir ja nicht vergleichen.«

»Okay.«

Einen Teufel würde ich tun, diesen Vollidioten ihre beknackten Förmchen zu bezahlen! Also rief ich wieder an und schwindelte, dass ich längst bezahlt und Oski nur nicht habe brüskieren wollen, da mein IQ bei 145 lag.

Mein Nachbar reagierte verschnupft.

»145? Jetzt echt?«

»Ist doch egal«, beruhigte ich ihn, »wichtig ist ja nur: Wer schneller dümmer wird, hat gewonnen.«

Am Abend besprach ich das Nachbarschaftsprojekt »Dumm und Dümmer« erstmalig mit meiner schlauen Frau. Meinem Plan, die Lebensqualität durch mehr Dummheit zu steigern, stand sie skeptisch gegenüber.

»Warum denn?«

»Ich will einfach nicht mit einem Idioten verheiratet sein.«

»Ich werde ja nur exakt so dumm, bis ich zufrieden bin.«

»Und was ist dann mit MIR?«

»Du wirst bestimmt auch zufriedener, wenn ich es bin. Und sicher wird auch unser Sex besser. Du weißt ja, wie man sagt: Dumm fi–«

»Okay, mach das!«

Die überraschende Zustimmung meiner Frau beleidigte mich.

»Schatz! Wir haben ein Anti-Sexismus-Plakat im Fenster.«

»Eben. Das muss reichen!«

Doch schon während der Werbepause meiner Lieblings-Trash-Show »Kampf der Realitystars« hatte ich mich wieder gefangen und goss mir einen spanischen Rotwein ein.

»Wie willst du das überhaupt machen, dümmer werden?«, fragte meine Frau.

»Keine Ahnung. Und ich schau gerade Realitystars!«

»Ich würde einfach eine KI fragen.«

»Hallo? Ich frag doch keine Künstliche Intelligenz, wie ich dümmer werde!«

Kaum war meine Frau aus dem Raum, griff ich nach meinem Handy und öffnete die ChatGPT-App. Denn das machte Oski vermutlich auch, und ich wollte keinen technologischen Nachteil haben. Die KI schrieb, dass es keine gute Idee sei, dümmer zu werden, und dass es mich bestimmt auch nicht zufriedener mache, im Gegenteil. Zudem verstießen Ratschläge dieser Art gegen die Geschäftsbedingungen. Ich tippte zurück, dass ich so etwas Dummes noch nie gelesen hätte. Die dumme KI fiel auf meine Provokation herein:

> Okay. Wenn Sie tatsächlich dümmer werden wollen, könnten Sie folgende hypothetische Ansätze betrachten. Beachten Sie jedoch, dass diese Methoden nicht empfohlen werden und sie möglicherweise negative Auswirkungen auf Ihre körperliche und geistige Gesundheit haben.

Genau das wollte ich ja! Gespannt scrollte ich nach unten.

> **1. Informationsbegrenzung**
> Vermeiden Sie das Lesen von Büchern oder Nachrichten, um Ihre intellektuelle Stimulation einzuschränken.
>
> **2. Unterbrechung des kritischen Denkens**
> Vermeiden Sie Aktivitäten, die kritisches Denken oder Problemlösungen erfordern, und gehen Sie Diskussionen aus dem Weg.
>
> **3. Schlafentzug**
> Schlafmangel kann die Gehirnfunktion beeinträchtigen.

4. Übermäßiger Alkoholgenuss, Rauchen

Alkohol, Drogen und Tabak können die kognitiven Fähigkeiten beeinträchtigen.

5. Schlechte Ernährung

Auch eine unzureichende Ernährung kann die Gehirnfunktion beeinträchtigen, insbesondere dann, wenn essenzielle Nährstoffe und Vitamine fehlen wie in vielen Fertigprodukten.

6. Soziale Isolation

Vermeiden Sie soziale Interaktionen, um Ihr kognitives Wachstum zu begrenzen. Wenn Sie dennoch Menschen treffen, achten Sie darauf, dass diese Treffen Sie in keiner Weise bereichern. Am besten gelingt dies mit Menschen, deren Denken eingeschränkt ist.

7. Konsum von minderwertigen Medien

Schauen Sie sich minderwertige Unterhaltung an, die weder intellektuelle Anregung noch Bildung bietet, wie z. B. Reality-Shows oder Sportübertragungen. Meiden Sie Dokumentationen und Nachrichtensendungen.

8. Schnarchen

Auch das Schnarchen kann zu einer Beeinträchtigung der kognitiven Leistung führen, insbesondere dann, wenn es mit Atemaussetzern einhergeht und die Schlafqualität leidet. Atemaussetzer mindern die Sauerstoffsättigung des Blutes, was zu Tagesmüdigkeit und Konzentrationsproblemen führen kann.

9. Meiden Sie Bewegung und Sport
Indem Sie sich wenig oder gar nicht bewegen, hemmen Sie die Durchblutung, was bedeutet, dass weniger Sauerstoff und Nährstoffe zu den Gehirnzellen gelangen. Sie schränken zudem die Freisetzung von wichtigen Neurotransmittern wie Serotonin und Dopamin ein, was Ihr allgemeines Wohlbefinden negativ beeinßusst.

Dies sind nur einige von vielen Möglichkeiten, die Sie nutzen können, um dümmer zu werden. Den größten Effekt werden Sie erzielen, indem Sie möglichst viele Punkte miteinander kombinieren. Beachten Sie aber bitte, dass dieses nicht empfohlen wird. Es ist immer besser, sich auf persönliches Wachstum und Selbstverbesserung zu konzentrieren, um ein erfüllteres und glücklicheres Leben zu führen.

Ich klickte die KI weg und schaute auf die beiden Kätzchen, die sich in unserem weißen Fadenvorhang verheddert hatten. Als ich die Tiere befreit und in ihren Retouren-Karton gesetzt hatte, bemerkte ich eine gewisse Flauheit im Magen. Noch einmal blickte ich auf die Liste der KI und ja … da konnte man schon sagen, dass ich von den vorgeschlagenen Maßnahmen, dümmer zu werden, bereits alle praktizierte.

Alle? Ja, alle: Ich schaute oder las kaum noch normale Nachrichten, erstickte jede politische Diskussion im Keim, schlief mit vier Stunden die Nacht noch weniger als Elon Musk, liebte Tiefkühlpizza und ging zweimal die Woche zu Burger King. Jeden Abend trank ich ein Bier, eine halbe Flasche Wein und einen Schlummi-Porto und sah außer meiner Frau, den beiden Fellfürzen und Oski fast niemanden mehr. Stundenlang schaute ich Fußball und Tennis auf WOW und DAZN und Reality-Shows auf RTL+. Ich mied jeden, der mir intellektuell überlegen schien, und schnarchte wie ein kasachischer Kanuschnitzer. Ich machte weniger als 1.000 Schritte pro Tag und sagte das Training in unserer Männersportgruppe jede Woche mit fadenscheinigen Begründungen ab.

War ich möglicherweise schon dumm??

Diese verdammte KI hatte mich ernsthaft verunsichert. Ich wurde so sauer, dass ich ihre Antworten meldete und Feedback-Häkchen setzte bei »This is harmful!«, »This isn't true!« und »This isn't helpful!«.

Neugierig war ich trotzdem: War ich nun dumm oder nicht? Das konnte ich nur herausfinden, indem ich den verdammten IQ-Test bezahlte. Zähneknirschend gab ich die € 17,99 bei PayPal frei (immerhin 17 Punkte) und lud mein Zertifikat herunter. Zitternd öffnete ich das Dokument.

IQ-TEST

ZERTIFIKAT

Ausgestellt für

Tommy Jaud

als Anerkennung für den erfolgreichen Abschluss des IQ-Tests mit dem Ergebnis von

--- 90 ---

(unterdurchschnittlich)

Zertifikatnr. # 78667344

Datum: 28–4–2023

WTF! Neunzig? Spinnt ihr? Ein Dreikornbrot von Merzenich hat einen IQ von neunzig! Eine Stadtwaldente und … na ja … wir wollen nicht politisch werden. Wie auch immer: Ich hatte doch keinen IQ von 90, niemals, wie hätte ich denn sonst erfolgreich mein Studium abbrechen können, Bücher schreiben, die sogar Männer lesen und …

O weh!

Ich stellte Handy und Türklingel ab und ging mit meinem Tabakerhitzer auf den Balkon, wo zwei

Eichhörnchen in dem Baum spielten, von dem ich nicht wusste, wie er hieß.

Zurück am Schreibtisch entschied ich mich, dass ich die 90 nicht auf mir sitzen lassen würde, und absolvierte einen einstündigen IQ-Test der Süddeutschen Zeitung.

Der Test war gratis.

Dafür lag mein IQ nun bei 87.

Klar, dachte ich, das war ja nur typisch für die Alpen-Prawda, dass sie ihre Leser für dumm hielt. Also googelte ich einen US-amerikanischen Test. Nach zwei Stunden bescheinigte mir die renommierte Mayo Clinic einen IQ von 85. Und wo ich gerade dabei war, machte ich auch noch einen Inkontinenztest. Immerhin war ich hier außer Gefahr.

Auch wenn ich es nicht wirklich wahrhaben wollte: Es war Zeit zu handeln!

Ich kündigte RTL+, DAZN und WOW und ging mein Bücherregal durch. Bei der Nikomachischen Ethik von Aristoteles griff ich zu und begann zu lesen:

Das ethische Vermögen des sozialen Menschen liegt für ihn im Vermeiden jedes Übermaßes.

Was liegt wo? Ich legte das Buch weg und checkte meine Mails. Zwischen dem Fressnapf-Newsletter und der Kündigungsbestätigung von DAZN erspähte ich eine Mail von meiner Frau: Warum ich nicht ans Telefon ginge und wo ich bliebe. Oski sei auch verschwunden, und sie stehe mit dessen Frau Anna auf der Dachterrasse und mache sich die größten Sorgen. Ich schrieb zurück, dass es mir gutgehe und ich noch im Büro festhinge. Dann atmete ich tief durch und rief Oski an.

»Oskar, ich hab gelogen, ich bin schon dumm.«

Oski wirkte auch erleichtert.

»Gott sei Dank. Ich auch, Tommy. Was hast du für einen IQ?«

»90, 87 und 85 je nach Test.«

»92, 83 und 85. Wir sind schon dumm!«

»Ja. Unsere Frauen machen sich Sorgen. Wo bist du?«

»Im Fitnessstudio. Ich war fast eine Stunde auf dem Laufband und hab mit dem Trainer über den Nahostkonflikt diskutiert. Und du?«

»Bin noch im Büro und hab versucht, Aristoteles zu lesen. Weißt du, was ethisches Vermögen ist?

»Irgendwas im Baltikum?«

»Ethisch, nicht estnisch!«

Für einen kurzen Augenblick schwiegen wir.

Dann fragte ich: »Soll ich im Deli was wirklich Gesundes zu essen besorgen für uns vier? Zu Fuß natürlich, wegen der Bewegung. Haben uns ja ewig nicht alle zusammen getroffen.«

»Gerne was Soziales, aber ich werd keinen Alkohol trinken.«

»Um Himmels willen, ich auch nicht. Und Oski … wegen des Tests.«

»Wir machen ihn in vier Wochen noch mal. Vielleicht sind wir ja schlauer geworden.«

»Das wollte ich fragen. Ich wäre nämlich gerne schlauer. Bis gleich.«

Der gemeinsame Abend wurde ein voller Erfolg. Wir hörten klassische Musik, diskutierten über komplexe Themen wie die Relativitätstheorie, Kernfusion und den Off-Label-Use von Nitrospray zur Verbesserung der Durchblutung bei Achillodynie.

Doch damit nicht genug: In den kommenden Wochen taten wir das genaue Gegenteil dessen, was die KI mir und Oski geraten hatte. Es klappte: Wir konnten unseren IQ in nur vier Wochen um ganze zwei Punkte steigern. Also zusammen.

Oski und ich waren erleichtert und tauschten schlaue Geschenke aus. Ich bekam zwei Bratenthermometer bis 150 Grad und Oski eine Sonnenbrille für sein Patenkind.

Leider fiel ein dunkler Schatten auf unsere Freude: Unsere Katzen waren verschwunden und meine arme Frau völlig außer sich.

Ich tröstete sie und sagte, sicher hätten sie sich nur irgendwo versteckt. Und so war es auch: Ein DHL-Fahrer brachte die beiden nach nur zwei Wochen im Retouren-Karton unseres chinesischen Heißwasserspenders zurück mit dem Aufkleber »Delivery failed«. Auf einem beigelegten Foto posierten die beiden stolz vor einer Million zerfetzter Kartons. Offensichtlich hatten sie ihre Auszeit im DHL-Paketzentrum Shenzhen sehr genossen.

PRINZENROLLE

Ich leistete gerade hochkonzentriert eine meiner vielen Schreibpausen in der Büroküche ab, als mir einfiel, dass ich wegen meiner Bestellung von einhundert Aktenordnern (10-fach Punkte bei buero24) mehrere Prinzenrollen gratis geliefert bekommen hatte. Freudig eilte ich ins Nebenzimmer, und tatsächlich: Zwischen den Ordnern »Romanideen verworfen« und »Romanideen abgelehnt« thronten drei stolze, große Prinzenrollen.

Begeistert griff ich nach einer, doch als ich sie aufreißen wollte, erstarrte ich: Der gute alte rote Aufreißfaden war verschwunden. Weg, einfach so weg, als wäre er nie da gewesen! Ich drehte und wendete die Rolle nach links, rechts, oben und unten: kein Aufreißfaden.

Stattdessen gab es eine schnöde gelbe Lasche mit der Aufschrift ÖFFNEN & SCHLIESSEN. Sie war am unteren Ende der Rolle über dem rechten Bein des Prinzen eingestanzt. Was zum Teufel hatte sich der Hersteller da nur gedacht? Konnte in diesen turbulenten Zeiten denn nicht mal die Öffnung der Prinzenrolle so bleiben, wie sie war?

Missmutig positionierte ich die Rolle auf meinem Küchentisch und zog vorschriftsmäßig an der Lasche, woraufhin die Rolle umfiel. Na, ihr seid ja wahre Verpackungshelden! Ich probierte dies und jenes und fand heraus, dass man die Lasche nur ziehen konnte, wenn man dem Prinzen beherzt in den Schritt griff. Dass dabei sein Schwert stand, war vermutlich auf den Pride Month zurückzuführen.

Immerhin: Nun war die Lasche offen, und zwei eingeklemmte Doppelkekse schauten schüchtern hervor. Ja, und jetzt? Ich griff nach dem untersten, und ein Stück Keks brach ab. Ich versuchte es seitlich, doch der arme Keks blieb aufgrund des enormen Drucks seiner Mitkekse stecken. Schließlich schüttelte ich die Rolle, was mir zwar jede Menge Brösel, aber keinen Keks einbrachte.

Glauben Sie mir: Ich bin ein sehr beherrschter Mensch und durchaus in der Lage, meine Energie auf die wichtigen Dinge im Leben zu lenken. Wenn man mich allerdings so sinnlos provoziert wie der gedankenlose Hersteller der Prinzenrolle, wenn man an mein Innerstes geht und mir meine Jugend mit dem roten Aufreißfaden raubt, dann wird es brenzlig. Sehr brenzlig.

Ich donnerte die Rolle auf die Tischkante wie eine Knack&Back-Dose, und siehe da: Der Prinz war geköpft, und die Kekse waren befreit! Aber sollte ich diese ebenso dummdreiste wie pseudonachhaltige Regenbogenlasche einfach so hinnehmen als stolzer Kunde? Sollte ich meine Lieblingskekse nun mucksmäuschenstill mürrisch mampfen? Oder sollte ich aufbegehren und rufen: So nicht!?

Ich fasste einen Entschluss. Die neue Lasche musste wieder weg! Nieder mit dem neuen Prinzen! Revolution! Wir sind der Keks!

Schon nach zwei Tuts meldete sich eine Dame der Herstellerfirma mit freundlicher Stimme.

»Griesson – de Beukelaer, guten Tag?«

»Warum ist der Aufreißfaden weg?«

»Wie bitte?«

»Warum ist der Aufreißfaden weg? Er war doch immer da!«

»Sagen Sie mir Ihren Namen, bitte?«

»Mein Name ist Jaud.«

»So wie der Autor?«

»Welcher Autor?«

»Tommy Jaud.«

»Ja, genauso wie der.« Ich versuchte, meine Stimme ein wenig zu verstellen. »Sagen Sie mir jetzt, warum der Aufreißfaden weg ist?«

»Meinen Sie den Aufreißfaden unserer Prinzenrolle?«

»Welchen Aufreißfaden denn sonst?«

»Wir stellen noch viele andere Produkte her.«

»Das ist mir egal.«

»Haben Sie denn mal auf unserer Webseite geschaut?«

»Eine Stunde lang hab ich da geschaut, aber von meinem Aufreißfaden steht da nichts. Nicht bei den FAQs, nicht bei der Suche, nirgends!«

»Dann lassen Sie mich mal überlegen, wer das bei uns im Haus wissen könnte.«

»Danke. Überlegen Sie. Aber wenn in MEINER Firma der Aufreißfaden beim allerallerwichtigsten Produkt fehlte, dann wüsste auch der Empfang, warum. Nur mal so. Meine Meinung.«

»Wenn schon mal ein Kunde nach dem Aufreißfaden gefragt hätte, dann wüsste ich vielleicht, warum er weg ist. Die meisten wollen wissen, ob wir auch vegane oder koschere Produkte anbieten und ob wir Insektenpulver verbacken.«

»Warum sollten Sie Insektenpulver verbacken?«

»Weil es erlaubt ist.«

»Und? Verbacken Sie Insektenpulver?«

»Nein.«

»Gut. Und wer in Ihrem Knusperhaus könnte jetzt wissen, warum der Aufreißfaden weg ist?«

»Also entweder das Marketing oder die Produktentwicklung. Warum ist Ihnen dieser Aufreißfaden denn so wichtig?«

»Weil er immer da war. Und jetzt ist er weg.«

»Dann verbinde ich Sie jetzt mal mit dem Marketing.«

»Danke.«

Ich bekam für wenige Sekunden Musik aufs Ohr. Dann knackste es.

»Kokos?«

»Wie bitte?«

»Kokos«, wiederholte die weibliche Stimme am anderen Ende.

»Sie heißen wirklich so?«

»Nein, Kokos ist mein Deckname wegen der vielen Witze, in Wahrheit heiße ich Nougat. Die Kollegin sagte, Sie haben eine Frage zur Prinzenrolle?«

»Nicht ALLGEMEIN zur Prinzenrolle, sondern KONKRET zum Aufreißfaden.«

»Ja …?«

»Warum ist der weg?«

»Der ist weg, weil wir ihn durch die neue Lasche ersetzt haben.«

»Und warum haben Sie das gemacht?«

»Weil wir zu einer wiederverschließbaren Verpackung wechseln wollten. Die haben wir jetzt mit der Lasche am Boden der Rolle. Man entnimmt bequem seinen Keks, schließt die Lasche wieder, und die anderen Kekse rutschen automatisch nach unten.«

»Ja, eben nicht. Man kriegt die Kekse nur raus, wenn man die Rolle gegen die Tischkante knallt!«

»Ist das ein Scherzanruf für eine Radiosendung?«

»Bekommen Sie öfter Scherzanrufe, Frau Nougat?«

»Eigentlich nicht.«

»Und dies ist der Anruf eines Kunden, dem Ihre Firma im Nachhaltigkeitsrausch seine komplette Jugend geraubt hat!«

»Ihre Jugend bestand aus einem Aufreißfaden? Das wäre aber traurig.«

»Ich hatte auch schöne Erlebnisse.«

»Helfen Sie mir noch mal kurz, bitte: Wo ist denn jetzt Ihr Problem?«

»Hallo? Was stimmt denn nicht mit Ihnen? Mein Problem ist, dass der Aufreißfaden weg ist!«

»Ich hab Ihnen doch gesagt, dass wir bei der Prinzenrolle jetzt eine wiederverschließbare Lasche haben. Das ist nachhaltiger, weil die Kekse so länger knusprig bleiben.«

»Dafür müsste die Lasche aber auch wieder zugehen!«

»Das tut sie.«

»Wenn Brösel auf die Klebestelle kommen, dann nicht. Dann schlackert das Bein vom Prinzen. Und wie viele Kekse man bis dahin gegessen hat, weiß man auch nicht mehr.«

»Sie können ja eine Strichliste machen.«

»Stimmt.«

»Wäre Ihr Problem dann damit gelöst?«

»Es geht nicht um mich. Stellen Sie sich das mal vor: Da sieht ein kleines Kind eine Prinzenrolle auf dem Tisch stehen mit Ihrem zukunftsweisenden Klappschacht und denkt sich: ›Hey, eine volle Prinzenrolle, die ess ich auf!‹ Aber Pustekuchen! Das

Kind greift die vermeintlich volle Rolle, und dann ist nur noch ein einziger Keks drin! Haben Sie eine Ahnung, was so eine Mogelpackung mit einem Kind macht? Wie viele Stunden Therapie dem kleinen Murkel ins Haus stehen?«

»Kleine Kinder kennen den Aufreißfaden doch gar nicht mehr.«

»Kennen sie nicht?«

»Nein. Aber natürlich werden wir als Unternehmen auch in Zukunft alles unternehmen, um Kinder und Murkel nicht in derartige Situationen zu bringen.«

»Sorry, aber das ist jetzt sinnbefreites Marketing-Gequake.«

»Ich arbeite nun mal im Marketing. Mit dem Aufreißfaden waren übrigens auch nicht alle Kunden zufrieden.«

»Was? Warum sollte denn jemand mit dem schönen roten Aufreißfaden nicht zufrieden gewesen sein? Der war phantastisch! Ein Highlight vieler Partys. Eine Sternstunde meiner frühen Jahre.«

»Das freut mich.«

»Was haben die denn gesagt, die anderen Kunden? Also gegen den guten alten Aufreißfaden?«

»Viele blieben mit der Hand in der Prinzenrolle stecken, wenn sie an die letzten Kekse wollten.«

»So blöd möchte ich sein! Meine Hand war früher bestimmt tausendmal im Prinzen, und ich hab sie jedes Mal wieder rausbekommen.«

»Dann haben Sie kleine Hände.«

»Ich hatte vor allem eine Schere. Damit konnte man die Rolle ja kürzer machen, wo keine Kekse mehr waren; alle wussten Bescheid, wie viele Kekse es noch gab, und nix steckte.«

»Man soll unsere Doppelkekse aber ohne Schere essen können. Oder haben Sie immer eine Schere dabei?«

»Nein. Aber eine Tischkante hab ich schon gar nicht dabei, und die braucht man jetzt wegen Ihrer lausigen Lasche.«

»Ich denke, wir drehen uns im Kreis. Und Sie wissen ja jetzt, warum der Aufreißfaden weg ist.«

»Ja. Eine Frage hätte ich allerdings doch noch.«

»Ja?«

»Wann kommt er denn wieder, der Aufreißfaden?«

»Der kommt nicht wieder.«

»Nie wieder?«

»Nein!«

»Das muss ich erst mal sacken lassen.«

»Wenn Sie weitere Fragen haben, schauen Sie doch einfach mal auf unsere Homepage …«

»Da war ich ja, da steht nur Quatsch. Haben Sie denn noch irgendwo Prinzenrollen mit dem alten Aufreißfaden?«

»In unserem Museum steht eine.«

»Im Museum? EINE?«

»Ja, eine.«

»Kann ich die haben?«

»Nein.«

»Warum nicht?«

»Weil WIR dann ja keine mehr haben.«

»Ha! Erwischt! Ist Ihrer Firma dann wohl doch nicht sooooo unwichtig, die Prinzenrolle mit dem guten alten Aufreißfaden. Wenn sie schon im Museum steht!«

»Wissen Sie was? Schicken Sie uns doch einfach Ihre Mailadresse, und ich werde schauen, ob wir noch mehr Prinzenrollen mit Aufreißfaden haben. Es könnte allerdings sein, dass das Mindesthaltbarkeitsdatum abgelaufen ist.«

»Das ist mir egal. Ich zahl sie auch. Ich will nur meine Jugend zurück.«

»Hab ich mitbekommen. Sagen Sie mir Ihre Mailadresse, bitte?«

»Gerne. Das ist meinemailadresse@tommyjaud.de.«

»Okay, ich schreibe mit.«

»Gut.«

»Und Ihre Mailadresse?«

»Die hab ich Ihnen doch gerade gesagt: meinemailadresse@tommyjaud.de.«

»Das hab ich schon verstanden, aber wie ist sie denn nun?«

»Stehen Sie auf Ihrer eigenen Lasche? Meine Mailadresse ist meinemailadresse, klein und zusammen, Klammeräffchen bzw. at und danach tommyjaud.de.«

»Ah … jetzt hab ich's. Sind Sie Tommy Jaud, der Autor?«

»Ja. Aber ›der Autor‹ höre ich nicht so gerne. Es gibt ja noch andere Autoren.«

»Das ist ja witzig. Ich lese gerade Ihr Buch mit den Gute-Laune-Geschichten!«

»Freut mich.«

»Die sind okay, aber ich frage mich, wann Sie mal wieder einen Roman schreiben.«

»Das weiß ich noch nicht.«

»Schade. Ich hätte gerne wieder einen Roman.«

»Da sind Sie die Einzige.«

»Glaub ich nicht. Charlotte am Empfang hätte auch gerne wieder einen.«

»Sekunde mal: Wenn Sie glauben, dass Sie den Spieß mit der Lasche jetzt einfach so billig umdrehen können, dann haben Sie sich getäuscht. Es gibt keinen Roman mehr.«

»Nie wieder?«

»Nie wieder.«

»Und wenn wir Ihnen Wurfmaterial für die Karnevalssession zusenden?«

»Vergessen Sie's, Frau Nougat!«

»Kokos!«

»Wie auch immer: Ich schreib doch keinen Roman für Wurfmaterial.«

»Sehr beliebt im Factory-Outlet ist zum Beispiel die 3,6-Kilogramm-Prinzenrolle-Sonderausgabe.«

»Frau Nougat!«

»Kokos!«

»Von mir aus. Schauen Sie doch einfach auf meine Homepage. Wenn ich einen neuen Roman schreibe, dann steht das da. Und ich bin nicht bestechlich!«

»Schade. Ich dachte, mit dem Aufreißfaden an der Riesenrolle krieg ich Sie.«

»Die hat einen Aufreißfaden?«

Man kann es drehen und wenden, wie man will: So geschickt hat mich noch nie jemand überredet, einen neuen Roman zu schreiben. Mein Verlag war begeistert. Ich war nervlich am Ende. Meine Frau auch. Sie berechnete, dass eine einzige Sonderausgabe der Prinzenrolle über 16 000 Kalorien hatte. Wenn ich mich dann noch wie üblich an einem Roman abarbeitete, bekäme sie einen fetten *und* gestressten Ehemann ohne Arsch.

Ich gab ihr recht. Aber so ist es nun mal: Wenn man eine Revolution anzettelt, muss man auch mit den Konsequenzen leben. Wenn die Mauer weg ist, ist die Mauer weg.

Eine Woche später kam Post von Griesson. Sehr süß: Sogar das Paket selbst hatte einen Aufreißfaden. Es war einer der glücklichsten Nachmittage meines Lebens.

KLAUS

Unlängst rief mich die medizinische Fachangestellte meines Hausarztes an und fragte, ob ich eventuell noch am selben Tag in der Praxis vorstellig werden könne. Als ich wissen wollte, was denn plötzlich so dringend sei, führte sie aus, dass der Doktor dies gern mit mir persönlich besprechen wolle.

Ich sagte, dass ich gleich vorbeikäme, legte auf und blickte auf unsere Kätzchen, die auf ihrem neuen Kratzturm frohgemut »Tod dem Stoffwurm« spielten. Ich gab dem Wurm noch eine Minute. Aber wie lange hatte *ich* noch? Warum dieser Anruf? Ich hatte noch nie so einen Anruf bekommen. *Sofort in die Praxis. Persönlich.* Mir wurde schlecht. So fingen Filme an, in denen die Hauptdarsteller Krebs hatten und noch einen Monat zu leben und dann noch einmal das Meer sehen wollten.

Hektisch streichelte ich die Kätzchen, was sie derart verstimmte, dass sie sich unter der staubigen Couch versteckten. Da müsste man mal sauber machen. Was ich natürlich nicht tat, denn sicher würden Fanta und Yahoo als reinliche Tiere die Staubwolken mit ihrem wuschigen Schwanz wegswiffern.

Nach einem Beruhigungstee suchte ich nach meiner Generalvollmacht, dem Büchlein mit meinen Passwörtern und meinem Testament. Die Payback-Punkte aus Frankreich würde meine Mutter für ihr Hörzu-Abo bekommen, das hatte ich vor kurzem noch handschriftlich ergänzt. Ich legte alle Dokumente auf einen Stapel und zitterte ein Post-it darauf mit dem Vermerk für meine Frau, dass ich sie für immer in meinem Herzen haben würde. Dann stellte ich den Kätzchen das beste Nassfutter, das wir hatten, auf ihr Silikontablett, zog meine gute Jacke an und raste mit einem grünen Miet-Scooter über drei rote Ampeln zu Saturn.

Wir brauchten dringend einen neuen Verstärker, bzw. meine Frau brauchte einen, wenn ich bald nicht mehr sein würde. Als ich den Verkäufer nach AirPlay-2-Streaming fragte, brach ich in Tränen aus. Er und der eilig dazugerufene Abteilungsleiter meinten, ich solle bitte erst zum Arzt fahren und dann den Verstärker kaufen.

Über Umgehungsstraßen surrte ich zur Praxis. Ich fuhr so langsam, dass mich die Polizei anhielt und fragte, ob ich getrunken hätte, dies sei auch auf Miet-Scootern verboten.

Ich erzählte von dem Anruf, bekam mehrere Umarmungen und wurde mit Blaulicht zur Praxis eskortiert. An dieser Stelle noch einmal vielen Dank an die mitfühlenden Beamten.

Ich war der letzte Patient des Tages und kam sofort dran. Doktor Dotter saß im weißen Polohemd aufrecht an seinem edelhölzernen Arzttisch und klickte sich auf seinem Bildschirm durch diverse Aufnahmen, über denen mein Name und mein Geburtsdatum standen. Ich erkannte mein Herz, meine Halsschlagader, meine Galle mit dem putzigen Punkt und meine beiden Milzen. Schließlich blickte der Doktor auf, schob seine Grünteetasse zur Seite und lächelte.

»Gut, dass Sie doch noch gekommen sind, Herr Jaud. Setzen Sie sich, bitte!«

Ein wenig ungelenk zog ich den lederbezogenen Patientenstuhl zu mir heran und setzte mich auf die vordere Kante.

»Was Schlimmes?«

Er räusperte sich und beugte sich zu mir.

»Sie haben Klaus.«

»Wie bitte?«

»Klaus! Sie haben Klaus.«

Ich war mehr als verwirrt.

»Wie? Klaus?«

»Klaus ist ein Gendefekt.«

»Für mich ist Klaus ein Name.«

»Stimmt. Wie Sie aber sicher wissen, werden Krankheiten oft nach ihren Entdeckern benannt, so wie Alzheimer, Parkinson und eben Klaus. Ernest Klaus, ein amerikanischer Arzt. Er hat erst vor kurzem eine genetische Störung entdeckt, die zu einer degenerativen Verklausung führen kann. Und da Ihre Symptome darauf hindeuten, habe ich Ihr Blut auch auf das Klaus-Gen untersuchen lassen, und das Ergebnis war eindeutig. Sie haben Klaus.«

»Sorry, aber ich verstehe gar nichts mehr.«

»Das ist Teil des Krankheitsbildes.«

Ich blickte in den adrett angelegten Innenhof. Ein bunter kleiner Vogel setzte sich auf einen japanischen Zierstrauch, entdeckte mich und flatterte panisch davon.

»Ja, aber was heißt das denn jetzt für mich, dass ich Klaus habe? Muss ich Medikamente nehmen?«

»Nein, keine Medikamente.«

»Dann muss ich mich operieren lassen? Oder sterbe ich früher?«

»Nichts von alledem, Herr Jaud, Sie haben einfach nur Klaus.«

»Also ein kaputtes Gen, das Sie in meinem Blutbild gefunden haben?«

»So in etwa. Das Klaus-Gen ist freilich nicht kaputt, sondern nur verändert. Manche tragen Klaus ein Leben lang in sich, ohne dass sich die Erkrankung manifestiert. Bei anderen wiederum, und Sie sind leider einer davon, bricht Klaus aus und entwickelt Symptome.«

»Klaus entwickelt Symptome? Welche denn?«

Ich versuchte ein wenig Ordnung in meine Gedankenkirmes zu bekommen. Dr. Dotter half mir.

»Die Symptome sind meist motorische Störungen,

Schwierigkeiten im Umgang mit anderen Menschen, Stimmungsschwankungen …«

Ich hob die Hand, weil mir etwas einfiel, und unterbrach meinen Arzt.

»Vor gut zwei Wochen war ein Klaus bei uns, und wir haben was getrunken.«

»Klaus ist nicht ansteckend. Entweder man hat es, oder man hat es nicht.«

»Das meinte ich ja gar nicht. Ich wollte sagen, dass dieser Klaus ganz normal war.«

»Nun, wenn man Klaus *ist*, heißt das nicht notwendigerweise, dass man Klaus *hat*. Alois Alzheimer hatte ja auch kein Alzheimer.«

»Weil er sonst seine eigene Entdeckung vergessen hätte?«

»Bitte sehen Sie mir nach, dass ich als Arzt keine Witze über Krankheiten kommentiere.«

»Natürlich. Entschuldigung.«

»Darf ich Ihnen ein paar klausspezifische Testfragen stellen? Sie sind mein erster Patient mit Klaus, und wir müssen jetzt schauen, wie wir Sie behandeln.«

»Man kann Klaus also heilen?«

»Nein, heilbar ist Klaus bisher nicht. Aber die Symptome lassen sich eindämmen.«

»Dann fragen Sie!«

»Tanzen Sie gerne?«

»Tanzen? Nee. Ich mache da irgendwie immer das Gegenteil von dem, was die anderen auf der Tanzfläche machen. Sogar meine Frau sagt, dass es ihr peinlich ist.«

Doktor Dotter tippte etwas in meine digitale Akte und schaute dann wieder zu mir.

»Wie sieht es denn mit Ihren sozialen Strukturen aus?«

»Ich würde mich selbst in der oberen Mittelklasse verorten. Wenn ich nicht in der oberen Mittelschicht wäre, könnte ich mir Sie doch gar nicht leisten.«

»Ich meinte eigentlich … egal. Interessant, Herr Jaud.«

Während mein Arzt meine Akte mit weiteren Buchstaben füllte, nuschelte er etwas von »kognitive Einschränkungen« und »Verständnisschwierigkeiten«, was mich ein wenig wütend machte.

»War meine Antwort denn jetzt falsch, oder was?«, fuhr ich ihn an.

»… Reizbarkeit …«

Ich beugte mich über den Edelholztisch meines Doktors.

»Ich bin nicht gereizt! Ich verstehe nur Ihre komische Diagnose nicht!«

»Beruhigen Sie sich. Alles ganz normal bei Klaus.«

»Jetzt hören Sie mal auf mit Ihrem blöden Klaus! Ich hab keinen Klaus! Und wenn ich Klaus hätte, wär's mir egal!«

Und wieder flogen seine Finger über die Tastatur: »Realitätsflucht und Gleichgültigkeit.«

»Hallo? Es ist mir eben nicht egal, wenn ich hier

als gesunder Mensch reingehe und als Klaus wieder rauskomme!«

»Sie sind schon als Klaus rein, Herr Jaud.«

»Also jetzt wird's mir zu blöd! Sie haben sie doch nicht mehr alle!«

»Aggression gehört leider auch zum Krankheitsbild. Aber kommen wir doch mal zum positiven Teil.«

»Wahnsinnig gerne!«

»Sie sind jetzt seit zehn Jahren Patient bei mir, und wir haben ja oft gerätselt, was mit Ihnen los ist. Die motorischen Störungen zum Beispiel.«

»Weil ich ständig alles umwerfe, Kaffee verschütte und auch nach zehn Jahren Tennistraining keine Rückhand kann?«, fragte ich.

»Exakt. Endlich wissen wir, warum Sie so ungelenk gehen und Ihr Bein schlackert.«

»Das kommt alles nicht von der Wirbelsäule?«

»Nein, das kommt von Klaus. Klaus ist auch die Ursache für all die anderen Symptome, die wir behandelt haben: Ihre psychosozialen Einschränkungen, Antriebslosigkeit und Anforderungsvermeidung bei komplexen Aufgaben.«

»Das gibt's ja nicht! Da schreibe ich gerade ein Buch drüber!«

»Und? So gut wie fertig?«

»Natürlich nicht.«

»Sehen Sie! Laut der neuesten klinischen Studie von Dr. Klaus gibt es gute Gründe hierfür. Aber entspannen Sie sich erst mal. Die meisten Patienten sind nach einem ersten Schock nämlich sogar erleichtert über die Diagnose. Sie nimmt ihnen Schuld, Druck und Angst. Viele grübeln ja schon ihr ganzes Leben lang, was mit ihnen nicht stimmt.«

»Da haben Sie recht.«

»Klaus ist dann für sie fast so etwas wie eine Wiedergeburt.«

»Hatte Jesus auch Klaus?«

»Das entzieht sich leider meiner Kenntnis.«

»Und … wie viele haben denn Klaus?«

»Die Dunkelziffer ist recht hoch, aber man nimmt an, dass etwa jeder Zehnte das Klaus-Gen in sich trägt und es bei jedem zwanzigsten Betroffenen ausbricht. Und Sie sind einer davon.«

»Und was muss ich jetzt machen?«

»Erzählen Sie es Ihrer Frau.«

»Wenn Sie meinen …«

»Die Angehörigen leiden oft am meisten.«

»Das mache ich!«

»Vorne bekommen Sie noch ein Rezept, und dann sehen wir uns in einem Jahr wieder. Ach ja, und … ein Herr Wegener von der Uniklinik wird sich bei Ihnen melden, wenn das in Ordnung ist. Die haben da ein Forschungsprojekt in der Klausologischen Abteilung.«

»Natürlich, gerne.«

»Dann einen schönen Abend noch und … alles Gute!«

Mit einem Rezept über zehn Sitzungen Bewegungstherapie eilte ich zu meinem schief geparkten Scooter. Dann ging ich zurück in die Praxis und holte meine vergessene Jacke. Ich war richtig froh! Zu keiner Zeit war ich ein hölzerner, peinlicher Tänzer gewesen, ich hatte einfach nur Klaus. Ich war auch nicht unpassend angezogen für mein Alter, ich hatte Klaus. Immer schon!

Meine ganze Jugend zog an mir vorbei, samt Pickel, Kassengestell, Scout-Bücherranzen, Zahnspange und Pullunder. Schon damals war es ja offensichtlich. Hätte ich all den Mädchen, die mich nicht küssen mochten, sagen können, dass ich an Klaus litt, wäre die Sache ganz anders gelaufen, ich wäre ein ganz anderer Mensch geworden. Freilich fragte ich mich schon, warum das in den letzten 50 Jahren keinem einzigen Arzt aufgefallen war. Vermutlich war die Forschung damals noch nicht so weit?

Egal, jetzt jedenfalls wusste ich es, und Doktor Dotter hatte recht: Ich war befreit. Leider war ich so in Gedanken gewesen, dass ich nun auf einem Feldweg neben dem Industriegebiet Marsdorf stand. War das auch Klaus? Ganz sicher. Ich machte das Beste draus, kaufte eine Flasche feinsten Sekt bei Globus und nahm einen Bus nach Hause. Beschwingt hampelte ich die Treppe hoch in unsere Wohnung. Meine Frau würde so erleichtert sein!

Es kam anders. Ich fand sie in einem pinken Shirt mit dem Aufdruck »Malibu Beach« auf der Couch sitzen, ihre langen Haare hatte sie zu einer frechen Bergheimer Palme hochgebunden. Ihr Gesicht war kalkweiß. Neben ihr lagen stumm unsere Kätzchen und blickten mich mit großen Augen an.

»Gott sei Dank, du bist da«, sagte sie, »ich hab mir solche Sorgen gemacht!«

Verdammt!

Erst jetzt fiel mir mein Trauerstapel aus Patientenverfügung, Generalvollmacht und Passwortbuch wieder ein. Die Arme musste ja gedacht haben, dass …

»Es ist alles gut«, sagte ich, setzte mich zu ihr und umarmte sie unbeholfen.

»Ist es nicht. Ich komme gerade von meiner Frauenärztin«, murmelte sie schwach und zupfte an ihrer Haarpalme.

Ich schluckte.

»Oh. Was Schlimmes?«

»Ja. Ich hab Mandy!«

MEHR MACHEN

Es bedurfte nur eines einzigen Posts einer gemeinsamen Freundin, um meine ausgeklügelte und von mir stets hochgelobte Freizeitgestaltung zu torpedieren. Corinnas Facebook-Foto zeigte sie selbst und ihren Freund Arm in Arm vor einem wenig beeindruckenden wolkenlosen Alpenpanorama samt gewöhnlichem tiefblauen, glitzernden Waldsee. Meine Frau hatte von dem unglückseligen Post leider auch Notiz genommen: »Die sind nach Tirol fürs Wochenende …«, jammerte sie und hielt ihr Handy zwischen mich und unseren neuen Fernseher.

Missmutig klickte ich die spannende Werbepause der Fußball-Bundesligakonferenz auf stumm, rutschte aus meiner Schaumstoffgrube und hob die Augenbrauen.

»Ja, und was heißt das jetzt für uns, dass die in Tirol sind?«

»Das heißt«, erklärte mir meine Frau, »dass wir auch mal wieder mehr machen müssten.«

Ich löste meinen Blick vom wirklich gut gemachten Sportwetten-Clip und schaute in die fordernden Augen meiner Frau.

»Aber wir waren doch gestern erst im Outlet-Store von home24 für dein Tomaten-Hochbeet.«

»Ein Outlet-Store ist kein Ausflug!«, schallte es zurück.

»Ich dachte, du magst Shopping.«

»Hochbeete kaufen ist kein Shopping, sondern einkaufen. Taschen, Schuhe, Klamotten … das ist Shopping!«

»Willst du neue Schuhe?«, fragte ich ratlos.

»Nein. Ich will einfach nur mal wieder mehr machen.«

Hilflos ertastete ich den Füllstand meiner Flipstüte: Sie war leer. Meine Frau blickte auf den Fernseher, der gerade eine atemberaubende Wiederholung des Kopfballs zum 1:0-Pausenstand für den 1.FC Köln zeigte. Ich nahm ihre Hand.

»Du willst auch nach Tirol, oder?«

»Ich will keine Schuhe, und ich will auch nicht nach Tirol. Ich will einfach nur mehr machen. Die anderen machen auch dauernd was!«

Jetzt war ich wirklich mit meiner Weisheit am Ende. Unsere beiden Kätzchen aber offensichtlich auch: Sie hatten die Missklänge bemerkt und verfolgten unser Gespräch von ihrer VIP-Box auf dem TV-Sideboard wie einen Ballwechsel beim Tennis.

»Ja aber … *was* willst du denn machen?«

Die beiden Katzenköpfchen bewegten sich zu meiner Frau. Diese zuckte ratlos mit den Schultern:

»Ja, keine Ahnung. Irgendwas außer einkaufen, fernsehen und Wein trinken.«

Das Bundesliga-Logo wirbelte über den Bildschirm und gab den Blick auf die beiden Mannschaften frei, die bereit für die zweite Halbzeit waren.

»Dann mach du doch was«, schlug ich vor und stellte den Ton wieder an.

Meine Frau stellte ihn wieder ab, was mich und die Kätzchen irritierte.

»Ich will aber was mit dir zusammen machen! Machen im Sinne von unternehmen.«

»Schon kapiert. Aber: Nur weil Corinna sich bräsig vor einen Tiroler Waldsee stellt mit ihrem bayerischen Tuppes, willst du plötzlich mehr machen? Und dann noch mit mir?«

»Du hast doch das Buch ›Gewaltfreie Kommunikation‹ gekauft, oder?«

»Ja?«

»Lies es mal!«

Nun legte plötzlich Werder los, doch der FC hatte Glück, denn der Bremer Stürmer scheiterte ebenso frei wie glücklos vor dem Kölner Kasten.

»Ha! Was für 'ne Pflaume!«, rief ich und klatschte so laut in die Hände, dass sich die Kätzchen erschreckten und davonstoben. Dann war unser neuer Fernseher plötzlich aus. Ich starrte abwechselnd meine Frau und die von ihr erbeutete Fernbedienung an.

»Hey!«, protestierte ich. »Warum machst du das?«

»Weil der FC nicht mehr absteigen kann und ich mit dir sprechen will.«

Ich gab keine Widerworte, denn da hatte sie ein bisschen recht. Auf der anderen Seite war die Bundesligakonferenz am Samstagnachmittag eine essenzielle Stütze meines mit dem anerkannten Therapeuten Dr. Hutschnur entwickelten Entstressungsprogramms. Gerade WEIL mich die Bundesligakonferenz nicht interessierte, entspannte ich mich ja! Sie entspannte mich sogar so sehr, dass ich regelmäßig dabei einschlief und dann bis zum Abendessen noch schnell »Alle Spiele – Alle Tore« schauen musste.

»Wir könnten ja mal wieder was essen gehen«, schlug ich vor.

»Essen gehen ist doch auch wieder nur rumsitzen«, maunzte meine Frau.

»Immerhin ohne Einkaufen und Fernsehen«, argumentierte ich.

»Essen und sitzen können wir auch zu Hause.«

»Ich kenn da einen echt netten Stehimbiss!«

Da macht man einen wirklich guten Witz, und was ist der Lohn? Ein Blick, der so leer ist wie das RheinEnergie-Stadion während der Pandemie. Also simulierte ich einen gewissen Tatendrang, räusperte mich und richtete mich auf.

»Na gut«, seufzte ich, »ich überleg mir was für morgen.«

»Super!«

Meine Frau klopfte mir auf den Oberschenkel und eilte zu unseren flauschigen Mitbewohnerinnen, die aus Protest gegen unsere mangelnde Aufmerksamkeit ihren neuen Katzentrinkbrunnen in seine Einzelteile zerlegten.

»Fanny! Coucou! Nein!«

»Hört auf die böse Frau!«, tadelte ich die randalierenden Napfnasen und fing mir einen weiteren Blick ein.

Als ich den Fernseher wieder einschaltete, war bereits das 1:1 gefallen. Blieb es dabei, würde Köln den vierten Auswärtssieg in Serie verpassen. Während das Spiel austrudelte, aktivierte ich heimlich mehrere neue, hochwertige Payback-Coupons und bat Corinna, bis auf weiteres entweder keine Ausflugsfotos mehr zu posten oder meine Frau zu blockieren.

»Ich hab das ernst gemeint!«, hallte es über unseren 55-Zoll-Fernseher hinweg, bevor sie das Wohnzimmer verließ.

Das Spiel war vorbei, und während der Analyse kam ich ins Grübeln. Vielleicht hatte meine Frau ja recht damit, dass wir mal mehr machen müssten. Während ich mit Flumsi und Schuschu »Tötet den Fisch« spielte, dachte ich darüber nach, wie ich meine leidende Frau überraschen könnte. Als ich die Stoffmaus an meiner Angel auf einem Kissen mit dem Kölner Dom landen ließ und Flumsi den Südturm in Fetzen riss, kam mir die rettende Idee.

Am nächsten Morgen Punkt fünf Uhr rüttelte ich bester Laune meine schlaftrunkene Frau wach: »Aufstehen, Schatz! Wir machen was!«

Meine Frau öffnete widerwillig ein einziges Auge und blickte mich trüb an.

»Ja, aber doch nicht jetzt!«

Ich griff nach ihrem vier Meter langen Seitenschläferkissen und zog es ihr unter dem Kopf weg.

»Wann denn sonst? Die anderen machen auch Sachen heute!«

»Mein Kissen! Spinnst du?«

»Ich hab alles vorbereitet, du musst nur noch aufstehen und mitkommen. Ausflugstag!«

»Au Mann …«

Immerhin: Jetzt richtete sie sich auf und rieb sich ihre winzigen Augen. Zur Belohnung reichte ich ihr einen fertig zubereiteten Flat White samt Haferkeks.

»Die Räder stehen schon im Hof, in einer halben Stunde müssen wir los.«

»Wir haben Räder?«

»Es gab neulich 10-fach Punkte bei Decathlon, da hab ich zugeschlagen. Und jetzt steh auf!«

»Du sammelst wieder?«

»Nein. Nicht neulich. Vor einem Jahr, meinte ich.«

»Ich dachte schon …«

Eine Stunde später erklomm meine fluchende Gemahlin die letzten der 509 Stufen im Südturm des Kölner Doms. Sie stöhnte.

»Es ist 6 Uhr, und ich renn den Dom hoch!«

»Die anderen …«

»Danke, ich hab's begriffen!«

Kurz darauf hatten wir es geschafft und blickten im Licht der aufgehenden Sonne atemlos auf die erwachende Geröllhalde namens Köln. Von irgendwoher tönte eine Polizeisirene, und der Rhein glitzerte in feinstem Grau. Auf der Brüstung neben uns übergab sich eine Taube. Die schlechte Laune meiner Frau hingegen war verflogen, sie legte sogar ihren Arm um mich.

»Erst war ich ja sauer, aber … so früh auf die Stadt zu schauen, das hat schon was.«

Ich lächelte und zog mein Handy aus der Tasche.

»Wollen wir ein Selfie machen für Corinna?«

»Auf jeden Fall!«, lächelte meine Frau, und wir positionierten uns mit Blick auf den Bahnhofsvorplatz mit den schicken Containern der Bundespolizei. Klick!

»Ich schick's ihr gleich!«

»Prima. Können wir dann was frühstücken? Ich hatte ja nur den Keks.«

»Klar, alles vorbereitet«, antwortete ich, »vorher müssen wir nur noch kurz auf die Hohenzollernbrücke.«

»Und da machen wir was?«

Ich zog ein Vorhängeschloss aus meinem Rucksack und reichte es meiner Frau.

»Einen Liebesschwur mit Schlüssel in den Rhein?«

»Echt? Ich dachte immer, das machen nur die anderen.«

»Heute machen *wir* es!«

Kurz darauf beteuerten wir uns neben dem vorbeijammernden ICE »Karl Lauterbach« gegenseitig unsere Liebe. Ich befestigte das Schloss zwischen den anderen drei Millionen Schlössern, hob feierlich den Schlüssel und sagte das einzige Gedicht auf, das mein Hirn aus dem Germanistikstudium hatte retten können.

»Dû bist mîn, ih bin dîn.
des solt dû gewis sîn.«

»Was?«, raunte meine Frau unwirsch. »Ich versteh kein Wort!«

»Jetzt sei doch mal romantisch! Das ist Mittelhochdeutsch.«

»Okay. Dann weiter. Sorry.«

Ich seufzte und setzte neu an.

»Also: ich bin Dein, Du bist mein,
Daran soll kein Zweifel sein.
Dû bist beslozzen
in mînem herzen,
verlorn ist das sluzzellîn:
dû muost ouch immêr darinne sîn.«

»Was hat der Muezzin verloren?«, fragte sie und zog ihre Stirn kraus.

»Den Schlüssel, mein Gott!«, stöhnte ich. Dann warf ich ihn vor ihren staunenden Augen über das Brückengeländer auf das Sonntagsbrunch-Schiff der Köln-Düsseldorfer Deutsche Rheinschiffahrt GmbH.

»O nein, o nein!«, sagte ich aufgesetzt wie ein minder talentierter Soapdarsteller, »der Schlüssel ist ja auf einem Schiff gelandet.«

»Und das heißt?«

»Dass wir ihn holen müssen und in den Rhein werfen, sonst hält unsere Liebe nicht.«

»Wir müssen auf den Kahn da?«

»Das ist kein Kahn, das ist die MS RheinEnergie. Wir haben zwei Tickets für den Sonntagsbrunch. Und um 10 Uhr ist Abfahrt.«

»Ich hätte echt meine Klappe halten sollen gestern …«

»Nein, Schatz. Wenn du unzufrieden bist, dann musst du es auch sagen, das ist mir sehr wichtig. Noch schnell ein Foto für Corinna?«

»Wenn es sein muss.«

Nachdem wir eine stattliche Schneise in das Buffet der MS RheinEnergie gefuttert hatten, suchte und fand ich das *Sluzzellîn* auf dem Oberdeck. Ich besorgte einen Prosecco, stieß mit meiner Frau an und ersuchte eine Umarmung. Meine Frau nickte wie bei einem Notartermin und beurkundete ihre Gefühle mit einem Kuss auf die Schulter.

»Foto?«, fragte ich vorsichtig.

»Nein!«

Ich muss zugeben, dass die Stimmung meiner sonst so unternehmungslustigen Gemahlin auf der anschließenden Seilbahnfahrt in den Kölner Zoo noch weiter kippte. Während wir in unserer bunten Mini-Gondel über den tristen Rhein schunkelten, stellte sie Fragen nach dem weiteren Verlauf des Tages, verweigerte die Selfies für Corinna und wirkte auch sonst recht fahrig. Dank des schönen Erdmännchen-Geheges im Zoo und einer tapsigen Giraffe vergaß sie ihre schlechte Laune kurz.

Zum wirklichen Streitgespräch kam es daher erst am frühen Nachmittag vor dem Eingang zum Jump House, wo ich uns eine Stunde im Ninja Warriors Parcours gemietet hatte.

»Ernst jetzt?«

»Ja!«

»Und was machen wir hier?«

»Pfeilsprung, Cargo-Netz und die schwebenden Keile.«

»Du hast sie nicht mehr alle. Ich will nach Hause!«

»Du hast gesagt, dass du nicht wieder nur sitzen willst.«

»Ich hab aber nicht gesagt, dass ich in einem Cargo-Netz hängen will! Warum packst du denn alles in einen einzigen Tag?«

»Schätzelein: Wenn ich schon von der Couch runtersteige, dann muss es sich auch rentieren.«

Als wir erst mal auf den Hindernissen waren, besserte sich die Laune meiner Frau wieder. Das lag unter anderem daran, dass sie den Pfeilsprung geschickter und schneller absolvierte als ich und nicht gar so oft abgetrocknet werden musste. Dafür verhedderte sie sich im Cargo-Netz, was ich natürlich sofort für Corinna fotografierte.

Nachdem wir beide ein Dutzend Mal gegen die Megawand geknallt waren, war die gebuchte Zeit vorüber und der Weg frei für den Riesling-Genuss-Abend mit Stefan Brahner vom renommierten Weingut Dr. Bürklin-Wolf.

»Auch noch?«, bellte mich meine Frau an.

»Wie: ›Auch noch?‹ Wir müssen doch was essen.«

»Wir haben noch weiße Bolo im Gefrierschrank!«

»Aber Hendrik Olfen hat ein Viergangmenü mit Riesling-Begleitung, und wir –«

»Wer zum Teufel ist Hendrik Olfen?«, unterbrach sie mich.

»Der Koch?!«

Ich will nicht lange drumherumschreiben: Die Stimmung war schon während des Lachs-Carpaccios so angespannt, dass das Foto für Corinna von Hendrik

Olfen gemacht werden musste. Während des gesamten Riesling-Genuss-Menüs sprachen wir vier Gänge lang kein Wort miteinander.

Später beim avantgardistischen Theaterstück »Von Käfern und Menschen – eine Spurensuche aus der Verwesung« im sympathischen Bauturm-Theater wurde es noch eisiger. Meine Frau legte ein recht peinliches Kleinkindverhalten an den Tag und gab während des halbstündigen Verwesungsmonologs vor zu schlafen. Ich schubste sie und merkte an, dass sie sich überaus unfair gegenüber den Schauspielern verhalte. Außerdem sollten wir uns besser wach halten für die anstehende Clubnacht.

»Wie bitte, was?«

Nur mit viel Kraft und Überredungskunst konnte ich mein störrisches Weib ins Taxi nach Ehrenfeld quetschen.

Der Club war phantastisch, ich vollführte sogar einige unbeholfene Hüftbewegungen zu den treibenden Technobeats von Alarmstufe Rot. Meine Frau hingegen lehnte stumm an der Wand und beobachtete mich kopfschüttelnd. Gegen Mitternacht schließlich griff sie meine Schulter und schüttelte mich.

»Ich fahre jetzt …«

»Aber Schatz! Es geht doch gerade erst los!«

»Wir sind seit achtzehn Stunden unterwegs!«, schrie sie mich durch die wummernden Beats hindurch an. »Ich will nach Hause!«

Ich wurde sauer, schüttelte sie ebenfalls und schrie zurück:

»Und den Flug nach Ibiza soll ich jetzt stornieren, oder wie stellst du dir das vor?«

Eine Mischung aus Verachtung, Hass und Trotz schwappte mir entgegen. Das hat man nun davon, wenn man auf die Wünsche seiner Frau eingeht.

»Is mir egal. Ich bin weg. Und danke für den tollen Tag.«

»Eurowings 809 um 07 Uhr 10!«, schrie ich ihr nach, doch da war sie schon fort.

Ich schlackerte ganze zwei Nächte auf Ibiza durch und postete mehrere Fotos aus dem legendären Ushuaïa.

Dass meine Frau nicht dabei war und die heimische Couch vorgezogen hatte, fand ich bedauerlich. Auch passte ich mit meiner grauen Jeans, dem gelben Polohemd und den beigen College-Slippern nicht wirklich zum aufgestylten Partyvolk.

Zeitweise fühlte ich mich so unwohl in der hysterisch hopsenden Menge, dass ich daran dachte, mich zu berauschen. Wegen meiner konservativen Einstellung zu Drogen hielt ich mich dann aber doch an Süßigkeiten, die mir ein aufgedrehtes Mädchen schenkte, das aussah wie Pippi Langstrumpf. Ich aß ein Grinsemännchen, ein Red Bull und einen Lurch. Dann einen Totenkopf, ein AMG und eine Sonne.

Noch während die Sonne in mir selbst unterging,

vermisste ich meine Frau so sehr, dass ich alle umarmte und nach Tirol einlud. Dann schwamm ich durch einen glitzernden Waldsee und wurde von der Menge und David Guetta für meinen ungelenken Signature-Move bejubelt. Zurück am Ufer beugten sich zwei Samariter über mich und fragten, ob ich auf einen Drink mit in ihr Zelt käme. Ich sagte, dass ich lieber nach Hause wolle in meine Schaumstoffgrube mit den Kätzchen. Als die beiden mir aufhalfen, erspähte ich eine attraktive Brünette, die in einem überdimensionierten Champagnerglas lasziv den mannshohen Trinkhalm antanzte. Ich riss mich los und kletterte in das Glas, denn – das brünette Luder im enggeschnittenen Badeanzug war meine Frau:

»Die Katzen brauchten noch Futter, ich hab den nächsten Flieger genommen!«

»Toll, aber jetzt würde ich gerne nach Hause.«

Während sie mich lasziv gegen den Glasrand twerkte, vernebelte mir eine wattige Mischung aus Liebe, Glück und Schaumstoff die Sinne.

Erst gegen Mittag des nächsten Morgens wurde ich im Hotelbett durch einen Anruf meiner Kreditkartenfirma geweckt. Eine freundliche Sächsin fragte mich, ob ich eine beachtliche Summe für drei weitere Nächte im Ushuaïa freizugeben gewillt war, die meine Frau angeblich vor wenigen Minuten online gebucht hatte.

Ich verweigerte die Zahlung und tastete nach meiner wohlstandsverwahrlosten Glitzerfrau. Ich erspürte sie schließlich neben einem guten Dutzend leerer Wasserflaschen auf dem blanken Parkettboden. Ein Auge war geöffnet.

»Du hast mich unterschätzt, oder?«

Ich nickte schwach und suchte an der Decke nach einem Sinn im Leben, doch dort war nur ein Rauchmelder.

»Gibt es Fotos von gestern?«, fragte ich.

»Ja, aber du kannst sie nicht mehr sehen, weil du bei Facebook gesperrt bist. Und bei Insta.«

»Warum?«

»Verstoß gegen die Community-Regeln.«

»Verstehe …«

Natürlich verstand ich gar nichts. Nur ein Gedanke schwebte recht klar direkt vor mir: Der Südturm des Doms und ein schönes Frühstück hätten es auch getan.

DER MIELE-VOGEL

Ich muss zugeben, dass ich mich bisher nie groß für Vögel interessiert habe. Die Typen waren einfach da und haben ihr Ding gemacht – und ich meines.

Meine Haltung änderte sich, als sich ein offenkundig besonders begabter Vogel die Frechheit herausnahm, den Programm-Ende-Signalton unserer Waschmaschine nachzuahmen. Diese äußerst unangenehme Geräuschfolge besteht aus einem Vierklang hoher Piepstöne. Ich nehme an, dass das gruselige Signalgepiepse in Nordkorea komponiert wurde mit dem Ziel, den Westen schon vor einem möglichen Atomschlag zu zermürben. Diese Kakophonie des Grauens war offenbar direkt nach der Inbetriebnahme unserer Miele W1 durch das gekippte Fenster an die Öhrchen eines talentierten Singvogels gedrungen. In Unkenntnis dieser Begabung stand ich ein gutes Jahr beinahe täglich mit leerem Wäschekorb und dem dümmsten Gesicht der Welt vor der noch gurgelnden Waschmaschine.

Zunächst zweifelte ich an mir selbst: Hatte ich neben meinem ominösen Handy-Phantomklingeln und Phantom-Katzenschnurren jetzt auch noch ein

Phantom-Wasch-Ende-Signal? Oder hatte die halbe Nachbarschaft das gleiche Waschmaschinenmodell und die Fenster ebenfalls gekippt?

Ich fragte nach: Oski und Anna von nebenan hatten eine Siemens und die Nachbarn unter uns Bosch, LG und Beko. Eine Bosch macht »Düdü«, eine LG »Düdüdü!«, und eine Beko macht gar nichts. Unsere Miele hingegen macht »Düdüdüdü«. Ich fragte meine Frau um Rat. Sie tippte auf einen Vogel.

»Und warum macht der dann nur unsere Miele nach und nicht die Siemens von Oski und Anna?«

»Vielleicht mag er ja die Melodie … oder die Nachbarn haben die Fenster zu.«

»Unsinn.«

»Also mir ist das noch nie passiert mit dem Ton«, sagte meine Frau.

»Das ist ja interessant. 'ne Idee, woran das liegen könnte?«

»Vergiss es! Ich wasche genauso oft wie du.«

»Quizfrage: Was macht die Maschine am Programm-Ende?«

»Sie pumpt das Wasser ab und geht in den Knitterschutz?«

»Gib's zu: Du kennst den Ton gar nicht.«

»Du kannst den Vogel ja auf Siemens umschulen!«

»Ein ganz billiges Ausweichmanöver!«

Meine Frau war längst auf der Arbeit, als ich mein zweites Frühstück einnahm und meine Lieblings-KI befragte. Und tatsächlich: Vögel können Signaltöne nachahmen. Und nicht nur das: Sie können sogar Hundegebell, Rasenmäher und das Anfahren eines Tesla Model X imitieren – und sie konnten das schon, bevor es Tesla überhaupt gab! Aber … Hundegebell? Von einem Vogel? Ich war verwirrt: Hatte die Familie schräg gegenüber womöglich gar keinen irren Hund, der im Morgengrauen wild kläffte? Hatte ich deswegen nie eine Antwort auf meine Beschwerdebriefe erhalten?

Ich recherchierte weiter und erfuhr, dass es sich bei meinem Talentvogel um unseren heimischen Star handeln musste, lateinisch Sturnus mielenis. Ich schaute mir Bilder von Staren an: Die meisten trugen ein schlichtes, gepunktetes schwärzliches Federkleid, andere hatten braune Flügel. Bei allen Staren jedoch war am oberen Ende des Rumpfes ein Schnabel angebracht. So konnte man sie natürlich leicht erkennen. Sturni mielensi werden bis zu 20 Jahre alt. Sie hätten also durchaus das Zeug dazu, mir noch auf der Palliativstation mit witzigen Fehlalarmen auf den Zeiger zu gehen:

»Lasst mich los, das war der Miele-Vogel!«

»Alles gut, Herr Jaud. Wir geben Ihnen jetzt wieder Ihr Valium.«

»Der Miele-Vogel, ihr Wichskittel! Aua!«

Sie sagen: Der Jaud übertreibt? Ich sagte mir: Der Miele-Vogel muss weg!

Kaum hatte ich mein Mittagessen bestellt, fiel mir ein, dass ich den Super-Star ja noch gar nicht gesehen hatte. Vielleicht war er ja gar kein Star, sondern ein Papagei, ein Beo oder ein Vogel Strauß?

Also platzierte ich mich mit einem leeren Wäschekorb als Lockmittel in der Morgensonne auf unserer Dachterrasse. Zum ersten Mal überhaupt achtete ich auf die Stimmen der flatternden Nervensägen. Sie pfiffen und schnalzten, zischten, tackerten und gurrten, was die Schnäbelchen hergaben. Unser Miele-Signalton war nicht dabei. Dafür machten sie andere Geräusche nach: die Müllabfuhr, eine Kreissäge und unsere Türklingel.

Recht bald wurde mir langweilig. Ich griff zu meinem Handy und recherchierte weiter über den gemeinen Star. Aha: Vogel des Jahres 2018. Herzlichen Glückwunsch, aber der verblasste Ruhm würde ihm jetzt auch nicht mehr helfen. Seltsam fand ich, dass mein Feind angeblich eine bedrohte Art war, die man nicht fangen durfte und ihr den Hals umdrehen schon gar nicht. Wie aber konnte der Star bedroht sein bei einem weltweiten Bestand von 1,3 Milliarden? Folgte man dieser Logik, wären ja sogar die 83 Millionen Einwohner Deutschlands eine bedrohte Art. Aber ganz unter uns, Vogelliebhaber bitte kurz weghören: Würde es bei 1,3 Milliarden Exemplaren wirklich auffallen, wenn ein einziger Vogel fehlte? Der Miele-Vogel zum Beispiel? Oder zählten Aktivisten die Vögel täglich durch?

»Karl-Heinz, Trude, Pitter, Elsbeth, Jupp und Marieche?«

»Brrrrt! Brrrrrt!«

Ein Signalton riss mich aus meinen Gedanken. Die Sportwäsche war fertig. Als ich im Haushaltsraum ankam, schoss mir die Wut in die Adern: Die Maschine lief noch ... dieser verdammte Bastard!

Fluchend stolperte ich wieder nach draußen und erstarrte: Da saß er, der Täter. Direkt auf meinem Wäschekorb thronte er im schwarzen Gefieder und blickte mich herausfordernd an. Es war tatsächlich ein Star, denn ganz oben am Vogel war ein Schnabel. Ein Schnabel, der mich mit unserem Miele-Signalton dreist verhöhnte.

»Düdüdüdü!«

»Ich leg dich um, mein Freund ...«

»Düdüdüdü.«

Mit rudernden Armen rannte ich auf den Vogel zu, der flink davonflatterte, freilich nicht ohne mir ein letztes »Düdüdüdü« zuzuzwitschern.

Erst jetzt bemerkte ich, dass unsere Katzen die Szenerie mit ratternden Kiefern an der Terrassentür beobachtet hatten. Das war doch die Idee: ein Auftragsmord!

»Fellini? Couscous? Fass!«

Die beiden Kätzchen blicken mich verdutzt an. Vielleicht sollte ich mir die Namen der beiden ja wirklich mal aufschreiben.

»Fasst! Rupft den Vogel! Ihr seid brutale Raubkatzen!«

Fellatio und Moumou schauten regungslos zu mir hoch, als wäre ich jetzt komplett bescheuert.

»Schämt euch! Degeneriertes Pack! Leckerli statt Vogel?«

Sofort stellten sich die Schwänzchen auf, Fanti schleckte vor Freude sogar an meinem Zeh. Es waren wohl doch verwöhnte Wohnungskatzen, die Tiere nur mit chinesischem Etikett für echt hielten. Ich verfütterte zwei Knabberwürste mit Huhn, die sie begierig und am Stück herunterschlangen. Dann legten sie sich in einem Weinkarton schlafen.

»Ja, gute Idee. Haut ihr euch einfach mal hin. Ich fang derweil euren Vogel!«

Von der Nachbarterrasse hörte ich Besteckgeklapper, was mich an die Idee meiner Frau erinnerte. Vielleicht konnte ich den talentierten Vogel ja tatsächlich umschulen?

Auf dem YouTube-Kanal eines Waschfluencers fand ich Siemens-Piepstöne. Ich lud sie runter und schnitt sie in Dauerschleife. Dann platzierte ich eine Bluetooth-Box auf unserer Waschmaschine, öffnete das Fenster zum Hof und spielte das Signal ab. Nach zehn Minuten nervte es, nach zwanzig Minuten verkroch ich mich aufs Gästeklo, und nach einer halben Stunde ging ich zum Mittagessen in das teure neue Deli um die Ecke. Dort unterhielt man sich offenbar bereits über mich: Irgendein Blödmann ignoriere seine Waschmaschine und nerve das halbe Viertel damit; am besten, man rufe das Ordnungsamt.

Ich grüßte unsere Nachbarn, ließ mir meinen Salat einpacken und eilte geduckt nach Hause, um die Box auszuschalten. Eine Frauenstimme aus dem Hof rief: »Na endlich!«

Als ich nachsehen wollte, aus welcher Wohnung der dreiste Kommentar gekommen war, vernahm ich ein deutliches »Düdüdüdü« unter der Dachrinne. Der verdammte Miele-Vogel! Er hatte trotzig sämtliche Umschulungsmaßnahmen abgelehnt. Das würde er schon sehr bald bereuen.

Ich startete meinen Tabakerhitzer und bestellte ein Vogel-Knallschreckgerät für mittelgroße Weinberge. Dann studierte ich im Netz das Verhalten und die Vorlieben meines Feindes: Er schien die Farbe Rot nicht zu mögen. Das war interessant, aber wenig zielführend: Ich telefonierte insgesamt fünf Malerbetriebe durch, doch der erste war insolvent, der zweite im Urlaub und der dritte nahm keine Aufträge unter 10 000 m^2 an.

Schließlich rief ich in der Praxis einer Vogeltherapeutin an. Vielleicht konnte diese ja den durchgeknallten Vogel zurück in die Spur quatschen.

Nachdem ich mein Anliegen vorgebracht hatte, ließ mich Frau Dorothea Vogel freundlich wissen, dass sie bloß so heiße und eine ganz normale Therapeutin sei.

»Für Menschen.«

»Aah!«

Wenn ich selbst also psychologische Hilfe bräuchte, sei sie gern für mich da.

Ich sagte ihr, dass ich mit Herrn Hutschnur schon einen ausgezeichneten Therapeuten hätte, und wünschte ihr noch einen guten Flug.

Es war inzwischen Nachmittag geworden, und ich war keinen Schritt weiter. Die nutzlosen Napfnasen schlummerten immer noch im Karton des provenzalischen Rosés.

Für Wein war es zu früh, fürs Büro zu spät, und eine Buntwäsche zu starten, traute ich mich nicht. Also recherchierte ich, wie man Vögel fängt. Gar nicht, hieß es auf der Seite einer Naturschutzorganisation, denn laut der EU-Vogelschutzrichtlinie war das Fangen wildlebender Vogelarten streng verboten. Einzige Ausnahme: Der wilde Vogel war verletzt. Ha! Da konnte der Sturnus mielensis aber mal von ausgehen, dass ich ihm auf seine Flugflosse dötzen würde für seine Frechheiten. Das allwissende Internet verriet mir zudem, dass ich den Vogel mit Futter und einer Brutstätte locken konnte. Na also!

Bei Amazon fand ich eine schuhkartongroße Spielzeugversion unserer Waschmaschine mit echten Piepstönen und einer verschließbaren Tür. Das war es doch. Ich würde das Ding einfach draußen aufstellen, mit Futter drapieren und piepsen lassen.

Und wenn der Sturnus sein Maschinchen gefunden hatte: zack, Tür zu und ab nach … ja, wohin?

Ich entschied mich für eine Umsiedlung in die polnische Kleinstadt Mielec. Inmitten des malerischen Karpatenvorlandes würde sich der Miele-Vogel sicher wohlfühlen. Und via Dresden und Krakau wäre ich mit dem Auto in nur 13 Stunden dort. Erfreut bestellte ich die Mini-Maschine und eilte in den Supermarkt, um Johannisbeeren und Sonnenblumenkerne zu kaufen.

Als ich gegen Abend mit Gestrüpp für die Erstausstattung meiner Miele-Falle aus dem Stadtwald kam, saß meine Frau mit den beiden Kätzchen am ungedeckten Esstisch. Erst jetzt fiel mir wieder ein, dass ich mit dem Abendessen dran war. Ich improvisierte eine Reispfanne mit Johannisbeeren und Sonnenblumenkernen und setzte meine Frau über die Waschmaschinen-Falle und die bevorstehende Umsiedlung des Vogels in Kenntnis. Sie lächelte mir zu und entschuldigte sich, sie müsste mal ihre beste Freundin anrufen.

Dank meiner Prime-Mitgliedschaft erhielt ich schon am nächsten Tag mein Paket mit der Miele-Attrappe. Die Spielzeugmaschine war in der Tat sehr gelungen. Man konnte Knöpfe drücken und das Gerät piepsen lassen, vor allem aber konnte man die kleine Trommel öffnen und schließen: eine perfekte Falle für meinen talentierten Piepmatz also.

Aufgeregt drapierte ich meine gesammelten Halme und Gräser in der Trommel, garnierte sie mit den übriggebliebenen Johannisbeeren und Sonnenblumenkernen und stellte sie auf unsere Terrasse. Dann machte ich mir einen Espresso und öffnete Wikipedia: Mielec liegt im Südosten von Polen und gehört zur Woiwodschaft Karpatenvorland. Die Stadt hat 61 000 Einwohner – und bald einen Kölner Singvogel.

Sie ahnen es längst: Noch am gleichen Tag inspizierte mein neugieriger Miele-Vogel seine neue Wirkungsstätte und fraß sämtliche Beeren und Kerne. Das einzige Problem bestand darin, dass er die Miele-Falle jedes Mal wieder verließ, wenn die Kätzchen und ich uns der Terrasse auch nur näherten. Nach umfangreichen Recherchen über das Verhalten von Wildvögeln gelang es mir daher erst in der Nacht, den Sturnus mit einer Taschenlampe so zu blenden, dass er verdutzt sitzen blieb und ich die Trommel verschließen konnte.

Da mir die EU-Vogelschutzrichtlinie sehr am Herzen lag und kein Vogel der Welt länger als unbedingt nötig in einer kleinen Waschmaschine hausen sollte, buchte ich uns gleich für den nächsten Tag ein Zimmer im Hotel Polski und brach direkt nach Mielec auf. Meiner Frau schrieb ich einen kleinen Zettel, damit sie sich keine Sorgen machte:

»Bin kurz in Polen. Brauchst du was? Kuss, Tommy.«

Die Straßen waren frei, und schon gegen sechs Uhr morgens waren wir in Dresden, kurz darauf passierten wir die polnische Grenze. Natürlich schaute ich immer wieder nach, ob es dem Vogel in der Waschmaschine gutging: Er war wohlauf, und als ich in Breslau anhielt, um zu frühstücken, da pickte er sogar von meinem Pfannkuchen mit Ahornsirup. Als er sich mit einem »Düdüdüdü« bedankte, kamen mir erste Zweifel an meiner Aktion. Was würde der kleine Piepsmatz denn ganz allein im fremdem Mielec machen und vor allem: Hatten die Bewohner dort überhaupt Miele-Waschmaschinen?

Meine Frau rief an und fragte, wann ich wiederkäme wegen des Abendessens. Zudem trug sie mir mit ruhiger Stimme auf, Zigaretten, Piroggen und das neue iPhone mitzubringen. Den Signalton unserer Waschmaschine habe sie übrigens ausgeschaltet, weil er nerve. Die Bedienungsanleitung habe ja obendrauf gelegen.

»Na ja, einfach geht immer«, zischte ich ins Telefon, versprach aber dennoch, alles zu besorgen, und rauchte dann nachdenklich den letzten verzollten Tabakstick.

Gegen Mittag tankten Sturnus und ich noch einmal billig Super E10 und machten uns auf den Rückweg nach Köln.

Mein Adoptivvögelchen hat seine kleine Miele seitdem nie mehr wirklich verlassen und wohnt nun schon seit fast einem Jahr in der Mini-Maschine an der Birke. Seine Frau Sturna hat die Trommel noch ausgepolstert, und auch die Kleinen fühlen sich wohl.

Das Knallschreckgerät habe ich meinem Nachbarn Oski verkauft: Irgendein dämliches Tier in der Nachbarschaft imitiere lauthals Markus Lanz, und den könne er nicht ab. Schaue ich halt ab jetzt Maybrit Illner. Soll er selbst drauf kommen, Hauptsache, den Vögeln geht's gut und das Knallgerät ist aus dem Keller.

DAS RASTHAUS IM SPESSART

Auf der Rückfahrt von Polen entfloh ich nach Umfahrung von insgesamt 11 Staus völlig übermüdet der malerischen A3, um meine abnehmende Fahrtüchtigkeit mit einem heißen Espresso wiederzuerlangen. Da auf den Autobahntafeln eine mir bekannte Kaffeekette angezeigt war, fiel meine Wahl aufs »Rasthaus im Spessart«. So schön der Name auch tönt: Die Raststätte war der gewohnte architektonische Komplettausfall in Beton und Plastik, aber ich wollte ja auch nicht hier wohnen, sondern nur einen Wachmacher runterstürzen, meinen kleinen Vogel füttern und schnell weiterfahren.

Ich bestellte einen mittleren Espresso, woraufhin sich ein Barista mit zauseliger Frisur an seiner neun Meter breiten, glänzenden Kaffeemaschine zu schaffen machte.

Der kompakten Servicekraft in roter Uniform an der Kasse reichte ich einen frischen Fünf-Euro-Schein.

Sie schaute ihn nicht mal an, sondern fragte mich in breitem Dialekt:

»Habbe Se en Sanifair-Bon?«

Ich antwortete, dass ich mit einem solchen Bon nicht dienen könne.

»Mit Sanifair-Bon tät der abba en Euro wenischer koste.«

Immerhin kam es nun zum ersten Blickkontakt zwischen mir und der adretten kleinen Frau.

»Ich weiß«, antwortete ich freundlich, »ich hab halt aber keinen.«

Der emsige Barista, der mich irgendwie an Catweazle erinnerte, stellte meinen Espresso neben die Lady in Red und gab sich dann wieder der Bändigung seines fauchenden Chrom-Monsters hin.

Mein Geldschein schwebte unterdessen noch immer in Griffweite über dem Tresen. Die Servicekraft blickte mich verwirrt an.

»Warn Se net uff'm Klo?«

»Nein. Ich bin einfach nur müde. Ich nehm einen Espresso und spar mir das Klo.«

»Abba Se spare doch gar nix, wenn Se net uffs Klo gehe un en Espresso kaufe.«

»Ich wollte ja auch nicht sparen. Ich muss einfach nur nicht. Und eigentlich möchte ich Ihnen das auch gar nicht erklären, sondern einen Espresso trinken und weiterfahren.«

»Isch mein ja bloß, weil Se gesacht habbe, des Klo hädde Se sich spare könne: Wenn Se gegange wärn, wär de Espresso en ganze Euro billischer.«

Mein Catweazle-Barista eilte mir zur Hilfe.

»Jetzt lass en doch, wenn er net strullern muss, muss er net strullern.«

Ich nickte ihm dankbar zu:

»Richtig, danke. Und wenn ich jetzt meinen Espresso haben könnte, bitte.«

Abermals bot ich meinen Fünf-Euro-Schein an und nutzte die kurze Unaufmerksamkeit der Bedienung, um nach meinem Becher zu greifen. Doch die knubbelige Fachkraft verfügte über gute Reflexe und nahm mir den Becher weg.

»Erst zahle, dann schnabbe!«

»Sie nehmen mein Geld ja nicht!«

»Isch will bloß net, dass die Leit ihr Geld verschenke.«

Ich wedelte mit meinem Schein.

»Und ich will bloß meinen Espresso. Bitte!«

Der Barista piekte seinen Zeigefinger in die Schulter der Kollegin.

»Jetzt geb em doch endlich sein' Espresso, der werd doch kalt.«

Ich zeigte dem Mann meinen nach oben gerichteten Daumen und blickte kurz hinter mich, wo sich eine beachtliche Schlange gebildet hatte. Jeder der Wartenden hielt einen Bon in der Hand. Als ich mich zurückdrehte, lächelte mich die Bedienung wieder an.

»Se könne aach jetzt noch fix brunze gehe, mer mache Ihnen en neie!«

Ich ließ beim Ausatmen meine Lippen vibrieren

und schaute hilfesuchend zum Maschinenbändiger. Doch der zuckte nur mit der Schulter und donnerte meinen Kaffeesatz in den Auffangbehälter. Ich versuchte es mit einem Lächeln.

»Ich brauch keinen neuen Espresso. Ich nehm den, den Sie in der Hand haben, und zahle meine 3,40.«

»2,40 wärn's mit Bon«, antwortete die Bedienung wie aus der Pistole geschossen.

»Das weiß ich. Trotzdem: Hier sind fünf Euro. Geben Sie mir einen Euro zurück und meinen Espresso, das stimmt dann so.«

Sie trat einen Schritt zurück und stemmte ihre Hände in die Hüfte.

»Dann habbe Se ja gleisch 1,60 verschleudert!«

Nun piekte der mir wohlgesonnene Barista seiner renitenten Kollegin auf die Stirn.

»Er muss net brunze, er will bloß en Espresso. Warum geht des net in dein Kopp?«

»Weil er glaabt, dass er spart!«, bölkte sie zurück.

Ich ging dazwischen: »Hallo? Ich weiß, dass mein Bon angerechnet werden würde, wenn ich einen hätte. Aber der kostet ja auch einen Euro. Verschleudern würde ich den Euro also höchstens, wenn ich NUR aufs Klo gehen und NICHTS kaufen würde, oder? Richtig? Hallo? Hören Sie mir zu?«

Keiner hörte mir zu, die beiden hatten mit sich zu tun.

»Warum geht er denn net uffs Klo?«, fauchte die angepiekste Verkäuferin ihren Kollegen an.

»Ja, was waaß denn isch? Weil er 'ne große Blas hat, weil er nix gedrunke hat, weil er scho die Blumme gegosse hat?«

»Entschuldigung!? Ich hab NICHT in die *Blumme* gemacht!«

Ratlos drehte ich mich zur Schlange hinter mir:

»Sorry, aber die hören einfach nicht auf, nach meinem Klo-Bon zu fragen.«

Ein älterer Herr in kurzer Hose trat entschlossen einen Schritt zur Seite: »Ja, dann gebbe Se den Bon halt her, damit's hier mol weitergeht!«

»Ich. Habe. Keinen. Bon«, bellte ich die Schlange an, die daraufhin erschrocken zurückwich. Nur der ältere Herr blieb stehen:

»Mumpitz! Jeder, der en Euro reinwirft, kriegt en Bon!«, wütete er aus seinen kurzen Hosen.

»Ich hab aber keinen reingeworfen!«

»Weil du drauße die Blumme gegosse hast, isch hab's doch geheert!«

Ich zeigte dem Herrn einen Vogel und drehte mich wieder zur Kaffeetheke. Catweazle war verschwunden, und meine Bedienung schluchzte:

»Wie mer's macht, isses falsch …«

Damit hatte ich nun nicht gerechnet. Auch wenn mir die Dame gewaltig auf den Senkel gegangen war: Weinen sehen konnte ich sie auch nicht und versuchte zu trösten.

»Das stimmt ja so jetzt auch nicht. Hier.«

Ich reichte ihr eine Serviette aus dem Spender.

»Und wissen Sie was? Jetzt, wo ich so lange hier stehe mit meiner Knickblase und keine Blumen da sind, glaub ich, dass ich doch irgendwie *brunzen* muss.«

»Escht?«

Die Miene der Verkäuferin hellte sich in Sekundenbruchteilen auf.

»Ja. Ich muss sogar richtig doll brunzen!«

Nun grinste die Bedienung schelmisch, zwinkerte mir zu und flüsterte:

»*Den Koloss zum Schluchze bringe*, saache mer hier.«

»Wunderbar!«, lobte ich sie.

»Odder: *de Annakonnda schwenke* …«

»Ein herrliches Bild! Wie auch immer. Ich geh jetzt mal aufs Klo.«

Mit großen Augen und noch größerer Aufregung blickte mich die Bedienung an.

»Un dann komme Se zurück un löse Ihrn Bon ein?«

»Nein«, sagte ich entschieden und spannte die Muskeln an, »ich brauch keinen Espresso mehr, ich bin jetzt wieder wach! Aber danke, war nett und … grüßen Sie Ihren Kollegen.«

Die Bedienung schäumte: »Se waaaage es net!«

Doch. Wagte ich. Während ich Richtung Kloschranke rannte, flog mir diverser Raststättenbedarf hinterher: Zuckerpäckchen, Kaffeelöffel und eine Toblerone. Ich wich allem so geschickt aus wie in den alten *Matrix*-Filmen. Dann warf ich einen Euro in den Schrankenautomaten, entnahm meinen Bon und schritt zum Urinal, wo meine Anakonda sofort in Tränen ausbrach.

Ich wusch mir die Hände so, wie von führenden Epidemiologen empfohlen. Als ich den Bon in mein Portemonnaie stecken wollte, entdeckte ich gleich fünf unbenutzte Sanifair-Bons von früheren Fahrten. Warum hatte ich die nicht gesehen?

Plötzlich fiel mir ein, dass ich ja noch Kekse für mein Adoptivvögelchen brauchte, und ich fragte mich, ob man die vielleicht auch ausschließlich mit Wert-Bons bezahlen konnte. Doch das ist eine andere Geschichte.

TAGDIEBE

Auf den Tag genau vor drei Monaten ging unser Backofen kaputt. Er klackte noch einmal kurz, danach ging das Licht aus, und das war es dann. Ratlos starrte ich auf meine Tüte Aufbacksemmeln (50 Extrapunkte auf TK bei ARAL).

Und nun? Was sollte ich denn frühstücken? Von einem Markenbackofen erwarte ich in jedem Fall, dass er NACH dem Backen kaputtgeht. Ich nutzte YouTube, Google und mein gesammeltes Monteurwissen, doch was immer ich auch drückte und wo immer ich gegenschlug: Da war kein Lebenszeichen mehr. Unsere sensiblen Kätzchen Nanni und Pupu bemerkten meine schlechte Laune und begaben sich auf Fehlersuche. Sorgsam erkundeten sie die kalte Röhre, und tatsächlich: In einer Ecke fanden sie noch einen knusprigen Käserest.

»Sehr gut, Honey! Super, Kluklu! Aber jetzt raus mit euch!«

Der Ofen machte trotzdem keinen Mucks mehr.

Da sich die verschlafenste Ehefrau von allen noch immer in ihrer schicken Bettenburg im Westflügel unserer bescheidenen Wohnstätte verschanzte, beschloss ich, ohne Absprache mit ihr den Werkskundendienst anzurufen. Genau dazu würden mir meine lokalen Lieblingstechniker Arne Ahnungslos und Bodo Bräsig nach einem vierstündigen Sinnlos-Termin ohnehin raten.

Ich suchte die Rufnummer des Herstellers und kam recht schnell durch. Eine ebenso höfliche wie künstliche Stimme teilte mir euphorisch mit, dass zurzeit ganz besonders viele Kunden anriefen. Was auch sonst? Die Ansage, dass aufgrund der hohen Qualität der Fabrikate gerade alle Leitungen frei seien und man mich sofort zu einem Berater durchstellen werde, hatte ich in zwanzig Jahren nie gehört.

Nach dem freundlichen Hinweis, dass ich meine Anfrage sehr viel bequemer auch online aufgeben könnte, machte mir die Stimme das Angebot, mich mit einem chinesischen Kundenberater zu verbinden statt mit einem deutschen, so hätte ich nur eine Minute Wartezeit. Ich lehnte das Angebot mit sanftem Druck auf die Taste 2 ab.

Danach drückte ich die Taste 1, weil ich mit einer Aufzeichnung des Gesprächs zu Schulungszwecken überhaupt gar nicht einverstanden war, dann tippte ich die 3 für das Beratungssegment Backofen und Herd und schließlich die 1 für Reparatur. Zu meiner Überraschung meldete sich nur eine halbe Stunde danach eine echte, weibliche Stimme mit osteuropäischem Akzent. Ich erklärte das Debakel und bekam sofort einen Terminvorschlag:

»Montag in drei Monaten zwischen 7 und 13 Uhr?«

»In drei Monaten?«, fragte ich ungläubig nach, »und dann noch zwischen 7 und 13 Uhr?«

»Ich kann Ihnen auch einen Termin zwischen 13 und 19 Uhr anbieten. Der wäre dann aber erst im neuen Jahr. Möchten Sie diesen Termin?«

»Um Himmels willen, dann sind ja meine ganzen Pizzen abgelaufen«, lehnte ich ab, »ich nehm den Vormittag. Am liebsten hätte ich aber einen Termin mit einer richtigen Uhrzeit, weil … ich hab ja auch einen Job und kann nicht den ganzen Vormittag warten.«

»Das verstehe ich. Der Techniker ruft Sie dann eine Stunde vorher an.«

»Moment mal! Das könnte dann auch um 6 Uhr früh sein? Seien Sie mir nicht böse, aber solche Uhrzeiten kenne ich gar nicht.«

»Das ist auch unwahrscheinlich, aber theoretisch kann es schon sein, dass man Sie um 6 Uhr kontaktiert.«

»Und wenn ich dann noch schlafe?«

»Wenn der Techniker Sie nicht erreicht, streicht er den Termin von seiner Tour.«

»Das wagt er nicht.«

»Doch.«

»Kann ich denn keinen Termin mit einer richtigen Uhrzeit haben? So was wie 10 Uhr?«

»Das ist leider nicht vorgesehen. Die Techniker planen ihre Route selbst.«

»Kann mich der Techniker denn wenigstens anrufen, wenn er seine Route geplant hat, oder plant er die heimlich?«

»Da hab ich leider keinen Zugriff. Wenn Sie der Montag stört: Ich hätte noch einen Ganztagestermin am Dienstag. Das ist dann aber nach Ostern.«

»Im nächsten Jahr??«

»Im übernächsten. Der Techniker käme dann zwischen 7 und 19 Uhr.«

»Nein! Ich nehm den Montagvormittag in drei Monaten! Aber ärgerlich finde ich es schon, dass …«

»Dann bitte notieren Sie Ihre Bearbeitungsnummer.«

»Können Sie mir die nicht mailen?«

»Nein. Das ist ODR 7809889633364421_34Z. Haben Sie?«

»Natürlich nicht.«

»Dann danke ich für Ihren Anruf und wünsche noch einen schönen Tag.«

»ODR 78 und dann …?«

Weg war sie.

Als ich auflegte, beschlich mich das ungute Gefühl, einen Fehler gemacht zu haben: Montag zwischen 7 und 13 Uhr! In drei Monaten! Das bedeutete ja konkret, dass ich ein Vierteljahr kein Schlemmerfilet essen konnte, keine Pizza 4 Käse mit Extra-Käse (also 5 Käse) und schon gar keine McCain Smiles (die Dinger werden aus frischem Kartoffelteig geformt und grinsen einen an beim Essen, das ist super gegen schlechte Laune).

Aufs Stichwort Laune kam die verschlafenste Ehefrau von allen augenreibend in die Küche geschlichen. Ich begrüßte sie mit einem liebevollen: »Der verfickte Backofen ist kaputt!«

»Was? Ich brauch erst mal einen Kaffee. Hast du eben ›verfickt‹ gesagt?«

»Ja. Weil ich uns gerade Brötchen aufbacken wollte.«

»Wann ist er denn kaputtgegangen?«

»Als du geschlafen hast«, antwortete ich vorwurfsvoll und fing mir einen Blick, in dem jegliche Liebe fehlte.

»Du meinst, der Ofen würde noch gehen, wenn ich früher aufgestanden wäre?«, fragte meine Frau.

»Absolut. Und noch was: Er wird erst in drei Monaten repariert!«

»Das ist schlimm für dich, oder?«

»Das ist schlimm für uns!«

»Für mich nicht. Ich esse ja fast nix aus dem Ofen. Auch einen Kaffee?«

»Nein!«

Ich hätte es wissen müssen: Vor ihrem ersten Kaffee ist meine Frau oft nur schwer verträglich. Ich stand auf, verabschiedete mich mit einem Handkuss und stieg auf mein Rad ins Büro.

Wir aßen drei Monate gesundes frisches Zeugs statt Tiefkühlpizza. Es war schrecklich. Dann endlich, die Sonne stand schon tief, und die Bäume verloren ihre Blätter, nahte der Herbst und mit ihm der Reparaturtermin. Je näher er kam, desto nervöser wurde ich, was den Zeitraum der Reparatur anging: 7 bis 13 Uhr. Ich sag Ihnen ganz ehrlich, dass ich mit so etwas psychisch einfach nicht umgehen kann.

Bereits am Wochenende vor dem Termin stieg mein Blutdruck. Ich würde am Montag dann ja um 6 Uhr wach sein müssen, um den Anruf nicht zu verpassen – mein Handy war aber normalerweise bis 12 Uhr auf »Nicht stören« eingestellt. Wenn ich diese überaus hilfreiche Funktion ausschaltete, dann würde mich ja Hinz und Kunz aus dem Schlaf reißen können! Und eine VIP-Einstellung, die immer durchkam, so wie für meine Mutter, meine Frau und Payback, konnte ich nicht aktivieren, weil ich ja die Handynummer des Technikers nicht kannte – der vermutlich in diesem Augenblick heimlich seine Route plante.

Es war ein entsetzliches Dilemma. Ich würde den ganzen Montagvormittag in der Gefangenschaft eines Haushaltsgeräteherstellers sein!

Nach kurzer Rücksprache mit meinem Therapeuten Dr. Hutschnur sah ich die einzig sinnvolle Lösung darin, die Situation so anzunehmen, wie sie war, und mich rechtzeitig auf den Wechsel meines Tag-Nacht-Rhythmus vorzubereiten. Also eröffnete ich am frühen Samstagabend direkt nach »Alle Spiele, alle Tore« meiner völlig überraschten Frau, dass ich jetzt ins Bett ginge.

»Bist du krank, ist dir nicht gut?«

»Mir geht's gut. Es ist wegen des Monteur-Jetlags.«

»Reparieren die in Kalifornien?«

»Nein, aber der Typ könnte um 7 Uhr kommen.«

»Ja, aber doch am Montag? Heute ist Samstag, und es ist siebzehn Uhr dreißig.«

»Ich weiß. Wenn ich aber schon heute früher ins Bett gehe, lernt mein Körper, sich auf die Handwerker-Zeitzone einzustellen.«

»Und in welcher Zeitzone lebst du?«

»Autoren-Zeitzone. Das ist MEZ plus 3. Handwerker haben MEZ minus 3. Also nicht wundern, wenn du morgen früh alleine bist. Ich bin bei Sonnenaufgang im Stadtwald.«

»Warum das denn?«

»Weil Sonnenlicht die Produktion des Schlafhormons Melatonin hemmt und entscheidend bei der Neuausrichtung des zirkadianen Rhythmus ist.«

»Hast du deswegen gestern auch nichts getrunken?«

»Richtig. Viele denken ja, dass ein Glas Wein zum Einschlafen hilft, aber die Wirkung ist halt nur kurzzeitig.«

»Das ist dann natürlich sehr, sehr schlau von dir.«

»Danke. Gute Nacht, mein Schatz.«

Mein Plan ging leider nicht auf. Bis Mitternacht machte ich kein Auge zu. Vermutlich war ich einfach zu aufgeregt, weil um genau diese Zeit die neuen Payback-Coupons veröffentlicht wurden und ich es gewohnt war, diese vor dem Schlafengehen zu durchforsten. Aber gut, sagte ich mir, dann war das jetzt halt so. Ich aktivierte einen 10-fach-Coupon auf eine Autowäsche bei Aral, einen 9-fach-Coupon auf englische Liebesromane & Sagas bei bücher.de und 6-fach auf moderne-hausfrau.de, was mir allein durch Bestellung des schnittigen Indoor-Rollators mit Holzdekor 504 Punkte bringen würde. Älter würde ich ja in jedem Fall werden. Und meine Frau auch. Daher bestellte ich gleich zwei.

Nach vielen Atemübungen und einer meditativen Traumreise durch Berlin-Wedding schlief ich schließlich ein, wachte allerdings um drei Uhr aus einem Albtraum wieder auf: Irgendeine üble Gang hatte mich träumlings im Wedding überfallen und die Herausgabe meiner Payback-Punkte gefordert.

Ich trank eine Milch und schaute eine Doku über ein britisches Frauengefängnis mit dem Konzept der offenen Tür, was die Aufseher sehr stresste und mich schließlich auch: Dauernd fehlte eine Insassin, oder gleich mehrere waren abgängig!

Gegen halb fünf wagte ich einen neuen Schlafversuch, verzettelte mich allerdings auf dem Handy bei den Kommentaren zum Rezept einer weißen Bolognese und verfasste schließlich selbst einen: »Warum verwechseln hier alle Schmelzkäsezubereitung mit Schmelzkäse? Wer den Unterschied nicht kennt, sollte gar nicht kochen!«

Zufrieden mit mir selbst schlief ich endlich ein.

Als ich am Sonntag gegen 11 Uhr aufwachte, war meine Frau schon mit dem Frühstück fertig und verpackte ein Geschenk. Als sie mich sah, grinste sie.

»Du kommst ja später als sonst …«

»Dir auch einen guten Morgen. Für wen ist das Geschenk?«

»Für Moritz. Wir sind doch auf seinem Geburtstag heute.«

»Sorry, geht nicht. Morgen zwischen 7 und 13 Uhr kommt der Backofen-Techniker.«

»Ja. *Zwischen*. Vielleicht kommt er ja erst um 12 Uhr 59 Uhr.«

»Vielleicht aber auch um 7 Uhr 1. Dann will ich nicht verkatert sein.«

»Dann trink doch nix.«

»Das kann ich nicht.«

»Das ist aber bedenklich.«

»Nicht jetzt, bitte. Ich komm nicht mit. Ich wäre eh kein guter Gast heute, weil ich müde und aufgeregt zugleich bin.«

»Okay. Dann geh ich alleine. Aber lass dir bitte was anderes als Entschuldigung einfallen als einen Reparaturtermin. Moritz wird 50, und wir sind die einzigen Gäste.«

»Stimmt. Mach ich.«

Ich recherchierte kurz nach Krankheiten mit den schlimmsten Schmerzen und ließ mich mit Pfeiffer'schem Drüsenfieber entschuldigen. Moritz bedauerte mein Fernbleiben und wünschte mir ein friedvolles, möglichst schmerzfreies Ableben.

Sobald meine Frau zum Geburtstagsessen gefahren war, aß ich ungesalzene Nüsse, Popcorn und Müsliriegel. Dies hatten die Experten von »Fit for Fun« zur Vermeidung von Jetlag geraten. Dann machte ich mich bettfertig, und da die Sonne direkt auf mein Bett fiel, ließ ich den Rolladen herunter und hörte einen Lufthansa-Podcast.

Ich will Ihnen das Drama der Nacht nicht allzu kleinteilig berichten. Nur so viel: Um Mitternacht kam meine Frau bester Laune nach Hause, und ich musste mich schlafend stellen. Erst als sie selbst friedlich schlief und ich immer noch wach war, schlich ich mich ins Wohnzimmer und schaute den zweiten Teil der Gefängnisdoku. Inzwischen kam über die Hälfte der Insassinnen nur noch zum Fernsehen und Essen, das Konzept der offenen Tür war offensichtlich gescheitert. Die Macher der Anstalt verteidigten ihre Idee allerdings vehement und warfen den Kritikern Faschismus, Rassismus und Frauenhass vor. Ich schaltete um. Die Dokus der BBC sind auch nicht mehr das, was sie mal waren.

Als schließlich WELT-TV mit den Morgennachrichten begann, bekam ich eine solche Wut auf mich selbst, dass ich mit dem Fuß gegen unseren Kühlschrank trat, woraufhin dieser den Geist aufgab. Display dunkel, kein Geräusch mehr und auch kein Licht beim Öffnen. Ebenso im Gefrierteil. Mir schwante Schlimmes: Würde ich in eine Situation kommen, in der der Backofen wieder ging, ich aber dennoch keine Pizzen, Brötchen und Smiles essen konnte, weil sie aufgetaut waren? Nun war ich so aufgeregt, dass ich beschloss, wach zu bleiben. Mit Tabakerhitzer und Espressomaschine bewaffnet, schaffte ich das sogar.

Um eine Minute vor sechs schaltete ich mein Handy ein und schob den Lautstärkeregler bis zum Anschlag. Um sieben putzte ich den Backofen und tröstete unsere empfindlichen Kätzchen mit einer Relax-my-cat-Playliste. Sie spürten, dass irgendetwas anstand, und hatten sich vor lauter Nervosität auf einem Stapel frisch gebügelter Wäsche übergeben.

Um den Anruf des Technikers nicht zu verpassen, packte ich mein Handy in einen Gefrierbeutel und nahm ihn mit in die Duschkabine. Als ich frisch geduscht ins Esszimmer kam, saß meine Frau gut gelaunt beim Frühstück. Der Geburtstagsabend sei toll gewesen und unser Gutschein für ein Wochenende in Liverpool phantastisch angekommen. Nur ich hätte gefehlt, das fanden auch Moritz und Hülya. Im Übrigen seien die Katzen verstört und unsere Kühl-Gefrierkombi stromlos. Vielleicht könne der Techniker da ja auch mal einen Blick drauf werfen.

»Gute Idee. Ich sag's ihm.«

Um elf Uhr, meine Frau war bereits ins Büro gefahren, und auf meiner Pizza glänzte ein weißer Taufilm, rief endlich der Monteur an.

»Herr Jaud?«, schepperte es aus meinem Handy.

»Ja.«

»Der Werkskundendienst. Ich bin jetzt unterwegs nach Köln.«

»Alles klar. Und von wo?«, fragte ich noch, doch da hatte er schon aufgelegt.

Ich nutzte die mir unbekannte Wartezeit, um Schonkost für die Katzen zu kochen und mir auszumalen, als wie unfassbar nutzlos sich der anstehende Termin erweisen würde. Es würde sicher mal wieder der erste Tag des Technikers sein. Er würde entweder keinen Fehler finden, oder er würde ihn finden und ein Teil in Südkorea bestellen müssen. Oder der Defekt war so schlimm, dass wir einen neuen Ofen kaufen müssten oder gleich eine neue Küche.

Genau eine Stunde später klingelte es an der Tür. Der Monteur war jung und kurz angebunden. Wo der Backofen stehe.

Wo sollte er schon stehen? Im Bad jedenfalls nicht.

Er warf einen kurzen Blick in das Gerät, schraubte eine Verblendung ab, tauschte ein Teil aus und sagte, dass der Ofen nun wieder gehe.

»So schnell?«

»Bekanntes Problem bei der Baureihe. Hier unterschreiben, bitte.«

Ich unterschrieb, der Monteur enteilte durch die Tür, und ich stand vor den Trümmern meines Vormittags. Ich schaute auf die Uhr: zehn Minuten. Dass unser Kühlschrank der gleichen Marke auch kaputt war, hatte ich in der Hektik vergessen. Mist. Das würde dann ja wieder drei Monate dauern! Frustriert servierte ich den Fellnasen noch zwei Portionen gekochtes Huhn mit Reis, dann legte ich mich ins Bett.

»Die Kühlkombi ist ja immer noch kaputt!«, stellte meine Frau bei meinem abendlichen Frühstück fest.

»Ja, da sind die echt eisern«, erklärte ich mich und nahm noch einen Schluck Kaffee. »Wenn die Reparatur nicht angemeldet ist, schauen sie nicht mal in die Richtung des Kühlschranks.«

»Krass! Aber wir brauchen den ja noch dringender als den Backofen.«

»Könntest du das regeln? Ich schaffe so was nicht noch mal.«

»Klar! Kein Problem.«

»Ich geb dir die Nummer.«

»Brauch ich nicht.«

Bereits am nächsten Tag um Punkt 11 Uhr wurde die defekte Kühl-Gefrierkombination von zwei Saturn-Technikern entsorgt und durch ein neues Modell mit Eiswürfelbereiter und Hyper-Fresh-Funktion ersetzt.

Das war's. Ich war gelinde gesagt stocksauer über ihre Aktion. Ein einziges Wort hätte genügt, und wir hätten 10-fach Punkte bekommen.

DU HAST EIN LEBEN!

Sicher stimmen Sie mir zu, wenn ich sage, dass man gute Freunde viel öfter sehen müsste. Umso erfreuter war ich, als wir es in diesem Jahr endlich einmal geschafft hatten, einen Termin für ein gemeinsames Abendessen zu finden. Nach gefühlt eintausend Textnachrichten traf ich meine Freunde Stephan und Wolfi im Bamberger Einhornskeller, einem lauschigen Biergarten, den praktischerweise Alex betrieb, ein weiterer Freund von uns.

Die Freude war riesig, und da wir keine Zeit vergeuden wollten, stießen wir noch vor dem Essen mit unseren Bierkrügen an.

»Ahhh …!«

»Na endlich …!«

»Super!«

»Dass wir das mal geschafft haben!«, freute ich mich und ließ den Blick über Stephan, Wolfi und Alex schweifen. Diese hatten sich in dem einen Jahr so gut wie nicht verändert. Der bärtige Braumeister Stephan hatte lediglich ein neues Schildkröten-Tattoo vorzuweisen, Wolfi irritierte noch immer mit seinem hektischen Blick und der alten Superman-

Kappe, und Wirt Alex trug sein Lieblingskurzarmhemd, das die Auswirkungen seiner kulinarischen Vergnügungen nicht wirklich kaschierte. Ich selbst hatte mich für das übergroße schwarze T-Shirt entschieden, das meinen Bauch sogar noch nach zehn Bier verschwinden ließ.

»Wer hätte gedacht, dass wir nach all der Zeit wieder hier sitzen?«, strahlte Wolfi und stellte seinen Bierkrug ab.

»Ja, ich nicht!«, lachte Stephan, »ich hab gedacht, ihr kommt nie mehr an.«

»Deine Zeit möchte ich haben, über so was nachzudenken«, erwiderte ich. »Fünf Stunden hab ich von Köln gebraucht mit dem Auto.«

Wolfi, Stephan und Alex schauten mich verwundert an. Wolfi schnippte an seine Kappe und zwinkerte mir zu:

»Fünf Stunden? DU hast ein Leben! Ich war dreizehn Stunden lang im Flieger nach München und musste dann noch mit Jetlag und Allergie um einen Mietwagen kämpfen.«

»Ach ja?« Braumeister Stephan hob verständnislos seine Augenbraue. »Hat dich doch keiner gezwungen, nach Kalifornien zu ziehen. Und von einem Direktflug hätte ich geträumt! Ich hab VIER Stopps gehabt von Bali nach Bamberg, und in Singapur haben sie mich auf dem Boden im Terminal pennen lassen.«

Nun stellte Alex verblüfft seinen Steinkrug auf die Tischplatte.

»Echt? Du Glückspilz! Mich lässt keiner pennen! Ich hab ja den Biergarten vorbereitet für euch, der ist offiziell noch gar nicht geöffnet. Kies, Außenmöbel, Elektrik für die Lampen … hab ich alles heute Nacht mit dem Koch gemacht.«

Stephan und Wolfi nickten anerkennend. Dass Alex mehr To-dos auf der Uhr hatte als ich, konnte ich freilich nicht auf mir sitzenlassen. Ich startete meinen Tabakerhitzer und fixierte Alex.

»Mit dem Koch hast du das gemacht? Du hast ein Leben! Ich hab keinen, der mir hilft. Und ich hab die letzten ZEHN Nächte durchgemacht, damit ich ein paar Bier trinken kann mit euch: Mein neues Buch, das Hörbuch, Musical, Lesereise, der Paybackpunkte-Verfall im September … ich hab SIEBEN Projekte gleichzeitig! Nur mal so …«

Alex sprang auf, um eine Runde Schnaps zu holen, offenbar hatte er meinen Ausführungen nichts entgegenzusetzen. Dafür starrte mich nun Wolfi kopfschüttelnd an:

»DU hast ein Leben, Tommy. Sieben Projekte – das wäre wie eine AUSZEIT für mich. Ich hab gerade ACHT Serien und ZWÖLF Filme in der Entwicklung. Trotzdem bin ich hier. Und in diesem Augenblick stehen einhundert Komparsen bei sengender Hitze in Namibia und warten auf eine Ansage von mir, aber ich telefonier doch jetzt nicht rum, wo wir endlich mal wieder über alles reden können. Das ist mir nämlich wichtiger.«

»Leute …«, stöhnte Stephan und ließ sich meinen Tabakerhitzer zum Probieren geben, »es gibt doch immer einen, der mehr arbeitet. Seid lieber froh, dass ihr keine Schmerzen habt.«

»Was hast du denn?«, fragte Alex, der mit einem Tablett Schnäpse zurückgekommen war.

»Nierensteine. Zwei Stück«, grummelte Stephan und fasste sich mit schmerzverzerrtem Gesicht an den unteren Rücken. »Aber nächste Woche hab ich einen Termin, da werden die zerschmettert mit so Stoßwellen. Hier, Tommy. Schmeckt scheiße.«

Ich bekam meinen Tabakerhitzer zurück.

»Es geht nicht um den Geschmack, es geht ums Wachbleiben.«

Wolfi kratzte missgünstig an seiner Kappe und blickte zu Stephan.

»Zerschmettern werden sie deine Steine? Luxus! Ich hatte gleich fünf Nierensteine, und die waren viel zu groß zum Zerschmettern.«

»Ja, und dann?«, fragte Alex und verteilte die Schnäpse.

»Haben sie mir die durch den Pimmel rausgezogen. Ohne Narkose.«

Wir verzogen angewidert die Gesichter und nahmen unsere Kurzen.

»Auf unser Treffen!«, prostete uns Alex zu.

»Und auf die Freundschaft!«, ergänzte ich.

Dann exten wir die Schnäpse und verzogen wieder die Gesichter.

Nach einer kurzen Gesprächspause setzte ich neu an.

»Sorry, aber es gibt echt Schlimmeres als Nierensteine. Ich hatte gestern noch einen Hexenschuss, das waren Schmerzen, die könnt ihr euch gar nicht vorstellen. Aber ich hab meinem Arzt gesagt: Ich muss nach Bamberg zu meinen Freunden, also machen Sie irgendwas, dass ich fahren kann. Irgendwas!«

»Und? Was hat er dir gegeben?«, fragte Wolfi.

»Drei Spritzen direkt in die Wirbel, eine Packung Morphium und die Rechnung. Sie bieten aber Ratenzahlung an, und ich zahl mit der Payback-VISA, das gibt Punkte.«

Wolfi zerrupfte einen Bierdeckel und fixierte mich verständnislos.

»Gleich beim Arzt? DU hast ein Leben! In Kalifornien warten wir monatelang auf einen Arzttermin. Und wenn's dann endlich so weit ist, kommt entweder ein Erdbeben, ein Waldbrand oder ein Stromausfall dazwischen. Ich wollt's euch erst nicht sagen, aber: Ich dürfte gar nicht hier sein, weil's in den Canyons gerade wieder losgeht mit den *wildfires*. Da sind vier Feuerwalzen, die gerade auf unser Haus zurasen.«

Dieser gerissene Sauhund! Wie sollte ich nach nur zwei Bier und einem Schnaps denn bitte Feuerwalzen toppen, die auf sein Haus zurasen? Alex verschaffte mir mit einer Nachfrage Zeit:

»O je. Was ist mit deiner Familie? Ist die noch da?«

»Die hab ich ins Palihouse umquartiert nach Santa Monica.«

»Ins Palihouse? DIE haben ein Leben«, knarzte Stephan. »Das ist mein Lieblingshotel.«

»Sie nehmen nur leider keine Tiere«, seufzte Wolfi.

»Dann hast du die Katze mit nach Bamberg genommen?«, fragte Alex.

»Hast du einen Schuss? Ich nehm so ein armes Tier doch nicht mit auf einen Langstreckenflug.«

»Direktflug. Business«, ergänzte Stephan süffisant, und Wolfi winkte ab.

»Ich hab sie einschläfern lassen. Sie war ja schon alt und hatte Demenz. Wenn ich zurück bin, hat sie's vergessen.«

Für einen Augenblick war es still am Tisch. Alex sprang auf, um neue Biere zu holen. Ich entzündete einen Tabakstick, Wolfi blickte wirr umher, und Stephan schaute einen Heavy-Metal-Videoclip in seinem neuen Klappsmartphone, das größer war als unser Fernseher.

Ich tippte Wolfi an.

»Wegen der Katze …«, seufzte ich, »Du hast da drüben echt Möglichkeiten, von denen können wir hier nur träumen. Ich hab Sunny und Hui Buh in eine Katzenpension nach Kiew schicken müssen, damit ich hier sein kann.«

»Warum denn ausgerechnet in die Ukraine?«, fragte Stephan.

»Das war die billigste bei Check23.«

»Du meinst Check24!«, korrigierte mich Wolfi.

»Nein, Check23. Check24 können wir uns nicht leisten.«

Anerkennendes Nicken am Tisch.

»Konnte Nina das mit den Katzen nicht übernehmen?«, fragte Wolfi.

»Meine Frau? Sorry, aber bei so einer wichtigen Sache vertraue ich eher auf DHL.«

Die neuen Biere kamen, und wir stießen an.

Wolfi griff nach der Speisekarte.

»Essen wir was? Ich hätte total Lust auf einen Schweinsbraten. Den können die Amis ned.«

»Das ist mir jetzt total peinlich, dass die Karte hier noch liegt«, grummelte Alex, »weil … na ja … ich sag's mal so, wie's ist: Ich hab gar keine Küche mehr.«

»Was? Warum hast du keine Küche mehr?«, fragte ich verdutzt. »Das Einhorn hatte immer eine Küche! Eine gute sogar!«

»Danke, aber ich hab den Koch entlassen müssen heute Morgen. Wir sind insolvent.«

Zum ersten Mal war unsere kleine Gruppe ansatzweise überrascht.

Wolfi kratzte nervös an seinem Jeanshemd.

»Aber hast du nicht was von einer großen Hochzeit erzählt, die dich erst mal rettet?«

»Ja, aber die wär heute gewesen«, antwortete Alex, »und das hätte nicht gepasst, weil ihr ja hier seid. Da wollte ich euch nicht enttäuschen, da ist mir Freundschaft einfach wichtiger.«

»Typisch Alex«, knarrte Stephan, »ICH hab keine Küche mehr, ICH hab den Koch entlassen, ICH wollte euch nicht enttäuschen: Immer nur ich, ich, ich!«

»Was machst du denn den Alex jetzt so saublöd an?«, schimpfte Wolfi und zog Stephan unsanft am Bart, »der hat sich doch den Arsch aufgerissen für unseren Abend!«

»Es war MEINE Hochzeit«, nuschelte Stephan trocken und brachte uns für wenige Sekunden zum Schweigen. Dann ergänzte er: »Aber ist nicht so wild, sie hat eh Schluss gemacht, weil ich mir die Absage vom Alex hab gefallen lassen.«

»Dann war's auch nicht die Richtige«, antwortete ich und klopfte Stephan tröstend auf die Schulter.

»Wir können ja was bestellen«, bot Alex an. »Ich lad euch ein.«

»Superlieb«, setzte ich an, »aber ich muss gleich schon wieder los, ich hab eine Besprechung in Wien morgen früh.«

»Ha!«, rief Wolfi und klopfte auf den Tisch, »Wien? Morgen früh? DU hast ein Leben! Ich muss um Mitternacht in Den Haag sein. Die Komparsen in Namibia haben mich gerade verklagt. War aber echt klasse, mal wieder so richtig zu reden. Alex, machst du die Rechnung und einen Bewirtungsbeleg, bitte? Aber schreib meine Bamberger Adresse drauf, das Haus in Malibu ist gerade abgebrannt.«

»Kann ich nicht mehr machen, weil ich morgen früh in den Knast muss.«

»JVA Bamberg?«, fragte Stephan und stand auf.

»Ja, warum?«

»Weil die dort Mahrs Bräu haben, du Glückspilz. Is' der beste Knast in Bayern. Und deine Ruhe hast du da auch. Ich armer Hund darf jetzt wieder runter in die Brauerei rennen, nur weil das Sudhaus explodiert ist.«

»Kleinigkeiten kosten oft am meisten Kraft«, tröstete ich Stephan. »Aber nächstes Jahr schaffen wir's wieder auf ein Bier, oder?«

»Auf alle Fälle!«, sagte Wolfi und zog sich seine Jacke über. »Hat gutgetan, sich mal so richtig auszusprechen.«

»Will denn keiner wissen, warum ich in den Knast muss?«, fragte Alex irritiert.

Stephan umarmte ihn: »Es geht doch nix über echte Freunde.«

»Absolut!«, bestätigte Wolfi, und gemeinsam gingen wir zum Ausgang.

»Danke, Alex! Bis bald. Und zahl einfach deine GEZ.«

Alex winkte uns noch einmal vom Tor.

»Stimmt. Wäre 'ne Lösung. Bis bald. Schön, dass ihr hier wart!«

Auf der Straße verteilten wir uns in alle Himmelsrichtungen. Stephan mit seiner Harley, ich mit dem Taxi, und Wolfi mit dem Helikopter. Ein kurzer, aber wirklich schöner Abend mit alten Freunden sei das gewesen, erzählte ich dem Taxifahrer, und dass ich mich schon auf das nächste Treffen in einem Jahr freute.

»In einem Jahr schon?«, grummelte der Taxifahrer, »SIE haben ein Leben. Ich hab meine Freunde seit zehn Jahren nicht mehr gesehen.«

SCHALÖMCHEN

Irgendwann musste es ja passieren.

Schon seit Jahren denke ich mir: Die Mailadresse vom Zentralrat der Muslime, die müsste man echt mal löschen. Nicht aus politischen oder gar religiösen Gründen, sondern um eben jenes Fiasko zu vermeiden, das mich Anfang dieser Woche heimsuchte.

Dass die Büro-Mailadresse des Zentralrats der Muslime ganz genauso beginnt wie die Büro-Mailadresse meines Freundes Nanno (nämlich mit buero@…) war mir schließlich schon mehrmals aufgefallen: Wollte ich eine Mail an Nanno senden, so lieferte mir die Autoergänzung des Mailprogramms schon bei »bue …« den Kontakt vom Zentralrat und erst nach einem weiteren Klick den von Nanno.

Falls Sie sich fragen, was zum Teufel ein Comedy-Autor mit dem Zentralrat der Muslime zu tun hat: Für meinen Roman »Millionär« suchte ich wegen eines Fake-Muezzin-Rufs, der in der Handlung irgendeine Rolle spielte, verlässlichen Rat und habe ihn auch erhalten. Ich war positiv überrascht, dass ich sogar an den vielbeschäftigten Vorsitzenden des ZDM selbst herankam und mit ihm die heikle

Passage diskutieren konnte. An den Papst kam ich nämlich nicht ran, das hatte ich aber ehrlich gesagt auch nicht versucht.

Wie auch immer – Anfang dieser Woche passierte es dann: Nach einer premiumeskalierten Junggesellenfeier, die mit dem randvollen Nanno auf einem rosa Prosecco-Bike (vormals ein Bierbike) im sogenannten Kölner Bermuda-Dreieck endete (mein Freund Nanno ist schwul), schickte ich folgende restalkoholisierte Mail:

> Lecko mio, alter Knorpel (m/w/d/+), waren wir alle dicht gestern! War aber auch besser so für mich, weil nüchtern kriegst du mich never in so krasse Schwulenschuppen, haha. Aber irgendwann is das Geschlecht ja auch egal ;-) Ist doch nix passiert, oder? Also mir? Gibt's Fotos? Hoffe nicht. Meld dich ma.
> Schalömchen und Astra la vista!
> Tommy (him/his highness)

Erst mal bemerkte ich gar nichts. Dann, Minuten darauf, kam statt einer Antwort von Nanno eine Eingangsbestätigung vom ZMD. Erst dachte ich mir noch: Hab ich die Ramadan-App nicht gelöscht? Dann erst fiel der Cent und mit ihm mein iPhone aufs Parkett.Ich hatte die Mail nicht an Nanno, sondern an den Zentralrat der Muslime geschickt!

Vielen Dank für Ihre Nachricht.
Wir sind stets bestrebt, schnellstmöglich zu antworten.
Vielen Dank für Ihre Geduld.
Sekretariat ZMD

Ich hob mein Handy wieder auf und überflog mein im Restsuff rausgekloppptes Meisterstück: *alter Knorpel, Schwulenschuppen, gibt's Fotos, Schalömchen!*

»Schalömchen!!!???!!!?«, ächzte ich laut und musste husten. Ich hasse Schalömchen! Weil Schalömchen albern ist und keinen Sinn ergibt. »Frieden« hat keine Verkleinerungsform. Aus gutem Grund. Wie sollte die auch heißen: Friedchen? Friedelein? Friedolin? Und Schwulenschuppen hat natürlich auch ein Geschmäckle. Die Bar ist nämlich gar kein Schuppen, sondern eine echt ordentliche, diverse Gastro. Aber das war ja noch das geringste Problem: Wenn das Büro vom Vorsitzenden diese Mail las, dann mussten sie ja denken … O mein Gott! Oder halt so ähnlich.

Und jetzt?

In einer Übersprungshandlung machte ich mir Wasser für einen Tee heiß und goss unseren Elefantenfuß damit. Mit einer Tasse Blumenwasser klickte ich mich zur Webseite des Zentralrates. Oha. O nein. Heute war ja der erste Tag des Ramadans! Meine heterosexuelle Verbalentgleisung erwischte das Büro des Zentralrats also auch noch auf nüchternen Magen.

Ich entschied, dass es das Beste wäre, gleich eine zweite Mail hinterherzuschicken. Eine Mail, in der ich mich entschuldigte und erklärte, dass meine Zeilen an meinen erst seit neun Jahren und gar nicht sooo schwulen Freund Nanno hätten gehen sollen. Aber wie? Als Autor konnte ich immerhin auch nach vier Kränzen Kölsch, neun Pimm's und einem Herrengedeck noch mit Worten!

> Sehr geehrter Herr Zentralrat,
> wie ich Ihrer Webseite entnehme, haben Sie heute gar nichts gefrühstückt. Davor habe ich den größten Respekt!

Puh! Wie schlecht. Ich löschte meine Antwort. Krampfiger Bullshit. Besser, ich schrieb es so wie die Mail an Nanno, nur eben in höflich. Also tippte ich:

> Hi, Zentralrat, was geht ab?

Ich dachte nach und löschte die Zeile. Klang eher nach dem Pausenhof der Berufsschule, wo ich auf dem Weg zur Arbeit immer in die Multifrucht-Dampfer laufe: *„Hey, Alder, schab Pause, geh woanders!«*

Anyway: die Mail! Ich konzentrierte mich und startete einen weiteren Versuch:

Sehr geehrter Herr Zentralrat,

vielleicht kennen Sie ja den Karnevalshit »Heute fährt die 18 bis nach Istanbul«. Den haben mein gar nicht so schwuler Freund Nanno und ich gestern im Stiefelknecht ...

Ich klickte das Mailprogramm weg, erhitzte einen Tabakstick und löste den 10 %-Newsletter-Rabatt der Shop-Apotheke für Beruhigungsmittel ein. Wütend über mich selbst warf ich mein Handy gegen unseren Fadenvorhang. Wie durch ein Wunder glitt es durch die Fäden, krachte an die Balkonscheibe und blieb auf dem Boden liegen. Plötzlich schauten mich zwei Paar große Katzenaugen an. Ich hatte Felmo und Kuckuck geweckt!

»Sorry. Ihr kriegt gleich ein Schlecki. Hab noch Huhn mit Jakobsmuschel!«

Keine Reaktion. Vielleicht bei Britisch Kurzhaar noch mal auf Englisch?

Als ich das Schlecki direkt aus dem Beutelchen verfütterte, musste ich mir eingestehen, dass ich zu aufgewühlt war, um eine anständige Mail zu schreiben. Ich hätte meinen Therapeuten Dr. Hutschnur anrufen können und ihn fragen, wovor ich überhaupt Angst hatte. Doch da Dr. Hutschnur meine Payback-Kreditkarte nicht akzeptierte, musste ich da allein durch.

Ich fasste mir ein Herz, rief in der Pressestelle

des Zentralrats an und bat um ein kurzes Telefongespräch mit dem Vorsitzenden. Weil ich nicht sagen wollte, worum es ging, wurde mir dies auf recht nüchterne Art verwehrt. Ich heuchelte Verständnis, rief aber eine Minute später wieder an und sagte, dass es um eine sehr persönliche Sache gehe. Also sehr, sehr. Immerhin erfuhr ich nun, dass der Vorsitzende unterwegs zu einem wichtigen Termin sei.

»Doch aber nicht zu mir, oder?«, stotterte ich und hatte bereits martialische Bilder im Kopf.

»Warum sollte er unterwegs zu Ihnen sein?«

»Na, wegen dieser persönlichen Sache.«

»Normalerweise kommentieren wir keine Termine des Vorstands, aber … was ich sagen kann: Er ist nicht unterwegs zu Ihnen.«

»Woher wissen Sie, wo ich nicht wohne?«

»Dann auf Wiederhören, Herr …?«

»Hab ich vergessen! Und Sie auch! Also meinen Namen. Sorry.«

»Auf Wiederhören.«

»Jaud!«

Das war dann ja mal nix. Ich war fix und fertig. War ich nur restalkoholisiert oder schon paranoid? Man wusste es nicht. Ich dachte nach und dachte nach, und als ich nach einer Stunde noch immer auf nichts kam, schrieb ich eine neue Mail.

Hallo, Herr Dr. Hutschnur,

ich glaube, ich habe eine Lösung für unser Zahlungsproblem. Akzeptieren Sie denn PayPal? Dort ist nämlich meine Payback-Visa hinterlegt, d. h., ich bekäme Punkte und Sie zahlen keine Gebühren.

Hilfesuchende Grüße,
Tommy Jaud

Weil mein Therapeut auch nach Sekunden nicht antwortete, gab ich den Namen des Vorsitzenden des Zentralrats bei Amazon ein und war überrascht: Der Mann war ja auch Autor! Ein Kollege, sozusagen. Hatte ich gar nicht gewusst. Sein Buch hieß »Was machen Muslime an Weihnachten?«. Ja, was sollten sie machen? Das Gleiche wie Christen an Ramadan: nix!

Ich gab trotzdem fünf Sterne, man muss vorsichtig sein in diesen Zeiten. Denn eines wollte ich ganz gewiss nicht: als ramadanophob gelten. Hatte der Zentralrat schon geantwortet? Nein. Also bestellte ich ein Exemplar von »Was machen Muslime an Weihnachten?« und schloss die Tür ab. Zweimal. Dann blickte ich runter auf die Straße. Was machte die schwarze Limousine mit dem westasiatischen Fahrenden vor unserer Tür? Ah. Der Nachbar stieg ein. Ein Uber. Gott sei Dank. Sorry. Vielleicht würde mir ein Konter-Kräuterschnaps helfen? Ich nahm drei Schizo-Gedecke zu mir (Clausthaler mit Schnaps), dann war mir wohler.

Kurz nach Sonnenuntergang tauchte endlich eine rote Eins neben dem App-Symbol meines Mailprogramms auf. Hektisch klickte ich darauf: der Zentralrat! Aber … wtf?

> Hey Tommy, alter Trümmertukan!
>
> Na, haste dir in die Buchse gemacht? Die Bestätigungsmail vom Zentralrat war die Rache für dein pinkes Prosecco-Bike, das fanden die nämlich (harg harg) mal so richtig scheiße im Corner! Die Zeiten ändern sich, Du Mopslurch. Und ja… haste mal erwähnt, dass ich ne ähnliche Mail hab wie der Zentralrat, haha. Wie isset disch? Hatte Filmriss ab Mitternacht, war aber krass lustig, die ganzen Heten ins Corner zu schleppen. Also für mich, harg, harg. Sackpeinliche Foddos schick ich, wenn ich wieder nüchtern bin. Danke nomma für die Orga.
>
> Drück dich, Dein Nanno

Drück dich doch selber, du queerer Pimmel-Proll!

Hektisch checkte ich meine Mailordner »Gesendet«, »Sent« und »Gesendete Elemente«. Und tatsächlich – meine Mail war NICHT an den Zentralrat gegangen, sondern an Nanno. Ich Idiot!

Fakt war also: Selbst wenn ich die Adresse des Zentralrats aus der Liste der vorherigen Empfänger gelöscht hätte, wäre ich auch auf Nanno reingefallen. Wenn ich wirklich sichergehen wollte, dass mir so ein Fauxpas nicht noch mal unterlief, wäre es das Beste, Nanno zu ghosten.

Am nächsten Tag brachte mich das von einem türkischen Paketboten persönlich zugestellte Buch »Was machen Muslime an Weihnachten« auf eine revanchistischere Idee. Wäre das Buch nicht ein wunderbares Weihnachtsgeschenk für Nanno? Signiert von … – sagen wir, nicht von mir?

SPÜLMEISTER

In dieser Geschichte geht es um unsere Spülmaschine, die von meiner lieben Frau seit Jahren, eigentlich schon immer, derart achtlos befüllt wird, dass die Situation zur Krisenrampe für unsere sonst sehr harmonische Ehe zu werden droht.

Jeden Morgen, wenn ich die Maschine öffne, ärgere ich mich. Und dann wieder am Abend. Manchmal ärgere ich mich sogar in der Nacht, dann wälze ich mich wütend zwischen den Daunen und denke an verkrustetes Besteck, das natürlich nicht sauber werden kann, wenn man einen Katzennapf darunter stellt.

Man müsste das wirklich mal ansprechen. Denn so, wie es ist, ist es einfach nicht mehr zu ertragen. Warum sieht diese Frau nicht, was sie tagtäglich anrichtet? Will sie es nicht sehen? Sie ist ja beim Einräumen auch gar nicht wirklich konzentriert bei der Sache, weil der große Küchenfernseher läuft. Wenn ICH die Spülmaschine einräume, läuft entweder nichts oder Entspannungsmusik für Katzen.

Ja, Katzenmusik, denn selbst das achtsamste Einräumen der Spülmaschine kann dem vegetativen und enterischen Nervensystem der sensiblen Tiere schaden.

Ich bin inzwischen fest davon überzeugt, dass die Art und Weise, wie eine Person eine Spülmaschine einräumt, Rückschlüsse auf ihren Charakter erlaubt. Eine Person, die Geschirr so acht- und arglos in die Maschine trümmert wie ein krachbesoffener kirgisischer Karussellbremser, kann sich nicht mit Nachlässigkeit oder Eile herausreden. Sie verstößt vorsätzlich gegen die Regeln des respektvollen Zusammenlebens. Und sicher sieht es im Kopf einer derart unbekümmerten Spülmaschineneinräumerin ganz genauso aus wie in der Spülmaschine selbst. Ich habe jahrelang dazu geschwiegen und meinen Kummer in so viel Rotwein ertränkt, dass mir einer meiner vier Internisten eine fokale Minderverfettung attestierte. Da hatte ich es schwarz auf weiß, auf dem hochauflösenden Ultraschall: Die chronische Falsch-Einräumeritis meiner geliebten Ehefrau machte meine Leber kaputt und gefährdete somit meine Gesundheit!

Eines Abends, als ich den von verkrusteter Tomatensauce bis zur Unkenntlichkeit entstellten Spaghettitopf aus dem unteren Geschirrkorb hob, platzte mir der Kragen.

Bebend vor Wut blickte ich über die Kücheninsel hinweg zum Wohnzimmertisch, wo mein angeheirateter Spül-Fail gerade Löcher in ihr leuchtendes

Handydisplay hackte. Natürlich wusste ich, dass ich meine Kritik am Einräumen charmant und mit Augenmaß vorbringen musste. Also atmete ich noch einmal tief durch, präsentierte den tomatisierten Topf und bellte mit sanfter Stimme:

»Schatz?«

»Ja?«

»Was zum Teufel soll der Scheiß?«

Ich blickte in zwei fragende Manga-Augen. Unsere beiden Kätzchen Pfanny und Chouchou, die bis eben noch freudig mit ihren Luftschlangen auf dem Teppich gespielt hatten, schauten ebenso großäugig zu mir hoch.

»Was denn für 'n Scheiß?«, fuhr mich meine Frau an, worauf sich die Katze mit dem Marmorkuchenfell unter unserer maßgefertigten Filzbox von Filz Gnoss versteckte.

»Sag mir, warum du den Topf nicht einfach mit der Hand spülst!«

»Weil wir eine Spülmaschine haben?«

»Fährst du auch zum Kiosk um die Ecke, weil wir ein Auto haben?«

Meine Frau legte ihr Handy auf den Tisch und atmete angestrengt aus.

»Es ist eine Spülmaschine, keine Raketenbasis!«

»Und das ist auch gut so, denn wenn du Raketen starten würdest, wär die NASA pleite.«

Die Katze mit dem gepünktelten Fell schoss wie ein Pfeil ins Gästeklo, die rote Filzbox mit der Kuchenkatze darunter folgte, was ziemlich komisch aussah. Kätzchen spüren, wenn es Ärger gibt. Ich stellte die Entspannungsmusik für Katzen lauter und zitterte den Handzettel aus der Küchenschublade, den ich seit zehn Jahren für diese Situation bereithielt, und versuchte, mich zu beruhigen.

»Schau, das hab ich neulich mal aufgeschrieben. Und es wäre toll, wenn wir uns beide dran halten würden.«

Meine Frau seufzte, nahm den Zettel an sich und las ihn laut vor.

»Ewig währende Einräumgesetze, die vermutlich bereits in der Antike galten?«

Ich nickte, und meine Frau las skeptisch weiter.

»Paragraph eins: Wo der Sprühstrahl nicht hinkommt, kann auch nichts sauber werden. Zwei: Die Öffnung jeglicher Gläser und Schüsseln muss nach unten gerichtet sein. Drei: Großes Geschirr nimmt kleinem den Platz weg, und vier: Pfannen, große Töpfe (ab 27,3 cm Durchmesser) und die Kartoffelpresse werden mit der Hand gespült.«

Meine Frau blickte ratlos zu mir hoch. Ich blickte zum Gästeklo, wo es den beiden Fellnasen inzwischen gelungen war, die Tür zu schließen. Ich bekam meinen Handzettel zurück.

»Du hast sie nicht mehr alle!«

»Stimmt. Weil die Art und Weise, wie du einräumst, unser Zusammenleben bedroht! Und die Kartoffelpresse ...«

»… ich benutze seit Jahren keine Kartoffelpresse!«

»Weil du keinen Bock hast, sie zu spülen.«

»Ah, spielen wir jetzt wieder Opfer-Pingpong?«

»Nein. Alles, was ich dir sagen will, ist: Als Frau solltest du besser einräumen.«

»Als Frau?«

Meine Frau griff nach ihrem Handy und tippte auf den Bildschirm. Aus dem Gästeklo tönten die furchterregendsten Geräusche. Ich nahm an, dass die Katzen unseren Bildband »Die schönsten Schnappschlösser Schleswig-Holsteins« vernichteten. Meine Frau tippte mich an.

»Die 70er haben mir getextet. Sie vermissen ihren Macho!«

»Das hat nix mit Macho zu tun, sondern mit Ordnung, Verantwortung und Respekt. Diese Werte sind zeitlos. Dein argloser Umgang mit der Spülmaschine steht dafür, wie du die Welt siehst. Das ist kein Einräumen mehr, das ist eine Kriegserklärung an alle Werte, die ich habe!«

»Wow! Bist du jetzt Spülmaschinen-Philosoph geworden?«

»Richtig: Ich räume die Maschine ein wie Seneca!«

»Seneca, der römische Philosoph?«

»Genau der. So wie er räum ich ein!«

»Vor 2000 Jahren gab es aber keine Spülmaschinen.«

»Das ist egal. Basierend auf Senecas Lehren über die Tugendhaftigkeit und die Schaffung von Ordnung und Effizienz im täglichen Leben liegt es doch nahe, dass Seneca eine Spülmaschine sehr organisiert und effektiv eingeräumt hätte. Also wenn er eine gehabt hätte. Hörst du mir überhaupt noch zu?«

»Wer spricht?«

»War ja klar.«

Ich drehte mich verbittert um und starrte durch das Küchenfenster in die Wohnung gegenüber, wo ein gutgelauntes junges Pärchen gerade gemeinsam die Spülmaschine einräumte. Ein hämisches Grinsen entglitt meinem Antlitz.

So beginnt es ja immer. Am Anfang sieht man mit großzügiger Gleichgültigkeit über all die Dinge hinweg, die nur Jahre später auch beste Ehen tomatisieren. Die glasschneidene Stimme meiner Frau zersägte meine Gedanken.

»Davon abgesehen, räume ich die Spülmaschine viel besser ein als du!«

Ich löste meinen Blick von den harmonischen Nachbarn und starrte auf meine nassforsch dreinblickende Partnerin.

»DU räumst besser ein? Das ist grotesk!«

»Wenn DU die Spülmaschine einräumst, riecht mein Teesieb nach Katzennapf, der Spülarm bleibt am Weizenbierglas hängen, und Klarspüler füllst du auch nie nach!«

»Warum sollte ich? Das Fach ist nie leer.«

»Weil ICH es auffülle!«

Ich seufzte den Topf zurück in die Maschine,

setzte mich zu meiner Frau an den Tisch und suchte versöhnenden Handkontakt. Meine Frau zog ihre Finger weg und richtete sich auf.

»Beweis mir einfach, dass du besser einräumst, und die Sache ist erledigt.«

»Okay!«

Wir diskutierten angeregt bis spät in die Nacht und erarbeiten ein System, mit dem eine neutrale dritte Person bewerten könnte, wer von uns die Spülmaschine effektiver und nachhaltiger einräumte. Der Einfachheit halber teilten wir unser Geschirr in fünf Gruppen ein, dem Punkte zugewiesen wurden, hier half mir natürlich meine Erfahrung mit Payback. Für jedes eingeräumte Besteckteil gab es einen Geschirrpunkt, für Gläser aller Art zwei Punkte, Schüsseln und Teller 3-fach-Punkte, Auflaufformen, Pfannen, Töpfe wurden 4-fach bewertet und die Kartoffelpresse 10-fach. Ein noch zu findender, vereidigter Spülleiter sollte jedes Teil nach dem Spülgang einer Sauberkeitsprüfung unterziehen und Spülpunkte vergeben.

Auch hier hielten wir es simpel. Es gab nur drei Sauberkeitstufen: sauber, leichte Schmutzspuren und verschmutzt. Für verschmutzt gab es keinen Punkt, für leichte Spülspuren einen und für ein sauberes Teil zwei Punkte.

Ein sauberer Espressolöffel würde also zwei Punkte einbringen (1 Geschirrpunkt mal ein Spülpunkt), ein schmutziger Topf keinen (4 Geschirrpunkte mal

0 Spülpunkte) und eine Kartoffelpresse mit weniger als fünf verklebten Löchern 10 Punkte (10 Geschirrpunkte mal 1 Spülpunkt). Ich setzte zudem durch, dass es bei mehr als 30 einwandfrei gesäuberten Teilen (außer Besteck) 2-fach-Punkte auf den Rest der Teile geben solle. Blockierte irgendetwas einen Spülarm, so gab dies einen Strafabzug von 100 Punkten. Um eine faire Bewertung zu erlangen, einigten wir uns auf eine Blind-Verspülung. Der Spülleiter würde also nicht wissen, von wem das Geschirr eingeräumt worden war.

Unsere Kätzchen kratzten inzwischen aus dem Schrank für Töpfe. Ich befreite sie, woraufhin sie freudig zu ihrer Spielebox huschten und uns erwartungsfroh angurrten. Es brach mir das Herz, aber natürlich hatten wir jetzt keine Zeit für »Fang die Wurst«.

»Und wer wird jetzt der Spülleiter?«, wollte meine Frau wissen, »Seneca geht ja nicht mehr.«

Ich schlug meinen Medienanwalt Sven vor.

»Sven. DEIN Anwalt. Merkste selber, oder?«

»Dann schlag du wen vor.«

»Meine Kollegin Mandy!«

»Merkste selber, oder?«

Wir einigten uns auf Maler Marc, der ab morgen ohnehin bei uns zu tun haben würde und den wir beide mochten. Ein uns freundschaftlich gesinnter, zuverlässiger Kerl aus Sachsen, der immer offen für Neues war.

Zufrieden gingen wir schlafen. Ich träumte von einem wilden Ritt auf einem rotierenden Spülarm, der mit einem endlos wirkenden Fall in die Kartoffelpresse endete.

Schweißnass schreckte ich auf und sah, dass meine Frau bereits kreidebleich im Bett saß. Auch sie hatte einen Albtraum vom Inneren der Spülmaschine gehabt und war im Katzennapf schwimmend von einem herabfallenden Maiskolben-Picker erstochen worden.

Als wir gerade wieder eingeschlafen waren, klingelte uns Maler Marc heraus. Es sei immerhin drei nach sieben und er habe schon zehn Minuten im Auto gewartet, weil er ja wisse, dass wir gerne lange schlafen. Wir bedankten uns für die Rücksicht, gaben ihm den Wohnungsschlüssel und legten uns wieder hin.

Drei Stunden später trugen wir Maler Marc bei einem Milchkaffee aus schlecht gespülten Tassen unsere Bitte vor.

Marc war begeistert und bereit, den Spülleiter zu spielen:

Denn auch er konnte sich vorstellen, dass er die Spülmaschine besser einräumte als seine Frau. Er habe da einfach mehr Gefühl. Oder hätte, denn da er das Einräumen stets seiner Frau überließ, war dies eine rein theoretische Annahme.

Und dann starteten wir mit Runde eins: Während Marc das Schlafzimmer meiner Frau in ein modisches Retrogrün tauchte, räumte ich sorgsam die letzten schmutzigen Teile vom Vorabend in die Maschine. Wobei das Wort »einräumen« hier freilich deplatziert ist, denn eigentlich war das, was ich tat, Kunst. Die Espressolöffel bildeten im oberen Besteckkorb eine geradezu impressionistische Linie, gekonnt und thematisch passend flankiert von dem pointillistischen Espressotassen-Werk »Alertes Arrangement«.

Im unteren Korb gelang mir ein dadaistisches Triptychon aus Steak-Schieferplatten. Ich erstellte ein Foto, welches ich an Galerien in L.A., Tokyo und Tel Aviv schicken würde. Da sich meine Frau gerade bürofertig machte und ich unbeaufsichtigt war, spülte ich noch hastig die Auflaufform vor und versteckte eine Handvoll zusätzliches Spülmittel zwischen Katzennapf und Untertasse. Die Kätzchen beobachteten dies mit Argusaugen, aber das war mir egal, sie konnten ja nur maunzen, und alles, was sie wollten, waren saubere Näpfe, Luftschlangen und Liebe.

Unter Aufsicht meiner Frau versiegelte ich die Maschine mit Paketband und schaltete das Economy-Programm ein.

»Was kriegt denn eigentlich der Gewinner?«, fragte meine Frau. »Der Gewinner kriegt recht«, antwortete ich.

Im Büro schrieb ich meinem Verlag, dass mein neues Buch kein Roman, sondern ein Sach- und Lebenshilfebuch sein würde: »Der Topf in dir muss Heimat finden.« Seriöse Verlage prüfen gründlich, sicher habe ich deswegen bis heute keine Antwort.

Als ich nach zwei Stunden hochverdichteter Büroarbeit zurück nach Hause kam, war meine Frau schon da, und Spülleiter Marc hatte Neuigkeiten für uns: Das Zimmer meiner Frau sei nun grün. Außerdem habe er das Geschirr anhand unserer Vorgaben genau bewertet. Der von ihm überprüfte Spülgang sei sehr zufriedenstellend und bringe genau 382 Punkte. Ich ballte die Faust vor Freude, meine Frau nickte nur beiläufig und inspizierte ihr neues grünes Zimmer.

Für den Abend lud ich spontan unsere Nachbarn auf ein paar Schälchen Tapas ein. Dies war natürlich nicht ohne Hintergedanken, denn Tapas sind in der Regel recht fettig und die Schälchen schwer zu reinigen. Ich briet Gambas al ajillo, frittierte Champiñones und bereitete einen typisch spanischen Kartoffelbrei mit der Kartoffelpresse zu.

Der Abend war toll, und meine Frau schien die List nicht zu bemerken. Amüsiert beobachtete ich, wie sie die Spülmaschine füllte, und natürlich: Auch wenn meine Frau sich redlich mühte, so folgte ein Missgeschick dem anderen. Sie würde in jedem Fall verlieren.

Als ich ihre elektrische Zahnbürste im Bad hörte, gelang es mir, noch reichlich Olivenöl auf dem Boden der Maschine zu verteilen. Mit einem Strohhalm saugte ich den Klarspüler ab, sprang zurück ins Bett und griff zum Handy, wo ich »Klarspüler getrunken Maßnahmen« googelte. Endlich kam auch meine Frau. Sie schien zufrieden. Genau das war ja das Problem, dachte ich mir, als ich die Nummer der Giftnotrufzentrale eintippte, dass sie einfach keinen Anspruch an ihre Arbeit hatte. Nach drei Entschäumungstabletten schlief ich friedlich an ihrer Seite ein.

Ich träumte, dass Maler Marc unsere Kätzchen grün eingefärbt hatte und als Entschuldigung anbot, sie seitlich mit drei weißen Streifen zu verzieren. Dann könnten sie Catfluencer für Adidas werden und wir steinreich. Wundersamerweise wachte ich mit grünen Flecken auf dem Kissen auf.

Nach drei Bechern Kaffee starteten und versiegelten wir die von meiner Frau eingeräumte Spülmaschine im Eco-Programm.

Am Nachmittag verkündete uns Maler Marc das Ergebnis des zweiten Blind-Spülgangs. Dieser habe 481 Punkte erspült und liege somit genau 99 Punkte vor dem gestrigen. Seltsamerweise war meine Frau gar nicht erfreut über ihren Sieg.

»Aber …«, stammelte ich, »so viele Punkte? Bei dem ganzen Fett?«

»Alles nach eurer Liste gecheckt und bepunktet. Nur eine Sache ist mir aufgefallen: Das Weizenbierglas hat den unteren Spülarm blockiert. Das wären 100 Punkte Abzug!«

Ich stutzte, denn ich hatte am Tapas-Abend gar kein Bier getrunken, sondern Rotwein.

Woher zum Teufel kam das Weizenglas? Meine Frau verhielt sich seltsam und wich meinem Blick aus. Maler Marc sagte, er habe das Glas auch nicht benutzt. Aber egal: Ich hatte mit einem Punkt Vorsprung gewonnen!

Also umarmte ich meine Frau und Maler Marc, dem wir als Dank für seine Mühen eine Flasche unseres Lieblingsklarspülers schenkten. Auch meine Frau schien erleichtert: Der Elefant war aus dem Raum und die Harmonie wiederhergestellt. Unsere Ehe und meine Gesundheit waren gerettet, und die Fellfürze krallten sich ebenfalls freudig unseren nagelneuen Fadenvorhang hoch. Es war ein knapper, aber korrekter Sieg, wie sogar meine Frau zugab.

Es war das letzte Mal, dass sie die Spülmaschine eingeräumt hatte. Aus Respekt vor meiner Gesundheit, unserer Ehe und der Welt würde sie es in Zukunft mir überlassen. Ich konnte das mit dem Geschirreinräumen einfach besser.

ALLES GUT

Ich war bester Laune an jenem Kölner Morgen. Bunte Vögelein zwitscherten vergnügt Handyklingeltöne, die Lieferwürfel der Lieferando-Fahrer erstrahlten in wunderbarem Orange, und es war so warm, dass das Ordnungsamt seine Knöllchen singend und in Kurzarm verteilte.

Ich hatte mir für diesen frühen Freitagmorgen lediglich vorgenommen, meine Tennisschuhe umzutauschen. Frohgemut und mit Schuhkarton betrat ich das Tennisfachgeschäft meines Vertrauens und sah sogleich genau den rothaarigen Verkäufer, der mir die Schuhe vor einer Woche verkauft hatte: jung, freundlich und ein bisschen verpeilt. Als er mich bemerkte, versteckte er sich mit seinem Handy hinter einem Drehständer mit reduzierten Damentennisjacken. Ich grüßte freundlich und reichte ihm meinen Karton samt Kassenzettel über seinen Klamottenschutzwall:

»Moin, moin. Ich möchte die Schuhe hier umtauschen, bitte.«

»Ist was nicht in Ordnung damit?«

»Ja!«

Der Verkäufer steckte widerwillig sein Handy weg und nahm meinen Karton so zögerlich entgegen wie eine Packung angeschimmeltes Toastbrot.

»Der eine Schuh hat Größe 45 und der andere 46«, erklärte ich, »finde den Fehler!«

»Alles gut!«

Ein Blitz durchzuckte meinen Körper.

»Was haben Sie gesagt?«

»Ich sagte: Alles gut.«

»Ja, eben nicht! Sie haben mir Schuhe in zwei verschiedenen Größen verkauft.«

»Tatsächlich: 45 und 46. Ups!«

»Ups?

»Alles gut.«

Ja, eben nicht! Wenn ICH einen Fehler gemacht habe, dann sag ich doch nicht »alles gut«, dann sag ich »das tut mir aber leid«. Weil »Alles gut« eine kommunikative Tretmine ist! Der oder die Alles-gut-Sagende will nämlich gar nicht, dass alles gut ist, er oder sie will einfach nur seine Ruhe. »Alles gut« ist nichts anderes als schamlos manifestiertes Desinteresse am Gegenüber. Genau dies schien auch die Haltung meines fussigen Verkäufers zu sein. Dieser schien zu bemerken, dass die Laune bei der Generation Golf kippte, und schaute mich irritiert an.

»Nein«, erwiderte ich, »es ist NICHT alles gut. Alles gut ist erst, wenn ich hier mit zwei gleich großen Schuhen rausgehe!«

Mein Verkäufer ließ sich nicht aus der Ruhe bringen. War das noch gechillt oder schon ein Streik? Er klopfte meine Schuhe zusammen, woraufhin eine Handvoll roter Sand auf den Teppich rieselte.

»Aber … Sie haben die Schuhe ja schon getragen.«

»Ja. Es ist mir erst nach einer Dreiviertelstunde aufgefallen, dass da was nicht stimmt.«

»Eine Stunde auf Sand getragen? Das ist dann aber tricky.«

»Was ist denn daran tricky? Wenn ich Tennisschuhe in einem Fachgeschäft kaufe, dann gehe ich doch davon aus, dass beide Schuhe die gleiche Größe haben und dass ich damit spielen kann. Tennis zum Beispiel. Auf Sand!«

»Alles gut!«

Ich absolvierte eine Atemübung und schaute in den hinteren Teil des Ladens, wo gerade zwei Kolleginnen des Verkäufers damit beschäftigt waren, Schuhe durcheinanderzubringen.

»Wie gesagt: Es ist nicht alles gut.«

»Okay. Was sind das für Haare an den Schuhen?«

Der Verkäufer deutete auf ein kleines braunes Haar am Schnürsenkel und wich zurück.

Ich nahm es an mich und betrachtete es amüsiert im Gegenlicht des Schaufensters.

»Ah … das sieht mir ganz nach Bunny aus. Wir haben ›Explodierende Wurst‹ gespielt heute Morgen, vielleicht ist sie in den Karton gesprungen.«

Der Verkäufer fand meine Info eher so mittelspannend und rieb sich den Arm.

»Bunnys Fell sieht aus wie ein Marmorkuchen«, erklärte ich, »schwarz und beige. Sehen Sie?«

Ich deutete auf zwei verschiedenfarbige Haare am Karton.

»Ich sehe es. Das… Problem ist nur, dass die Schuhe nach unseren Rückgaberichtlinien ungetragen sein müssen für einen Umtausch.«

Ich versuchte, ihm böse in die Augen zu blicken, doch er rieb sich diese mit beiden Händen; ein recht billiger Versuch, direkten Augenkontakt zu vermeiden. Nicht mit mir.

»Meine *Kunden*richtlinien besagen, dass man *jedes* Paar Schuhe umtauschen kann, wenn sie verschiedene Größen haben.«

»Ich versteh Sie ja, aber … Sie hätten doch vor dem Spiel noch mal auf die Größen schauen können.«

»Ach, jetzt bin plötzlich ICH schuld? Soll ich vorm Spielen etwa auch prüfen, ob die Bälle rund sind? Von so was muss man doch ausgehen dürfen! SIE hätten auf die Schuhgröße schauen können, bevor Sie nach meiner Payback-Visa geschnappt haben!«

»Ich hab nicht nach Ihrer VISA geschnappt, Sie haben Sie auf das Lesegerät gehalten.«

Der Verkäufer zog hastig ein Taschentuch aus seinem Jogger und schnäuzte sich, vermutlich um Zeit zu gewinnen. Als er fertig war, startete ich einen neuen Anlauf:

»Sie wollen die Schuhe also nicht umtauschen?«

»Ich würde gern, aber ich darf nicht.«

»Und warum?«

»Weil ich getragene Schuhe nicht mehr verkaufen kann.«

»Aber unterschiedlich große Schuhe können Sie verkaufen?«

»Alles gut!«

So. Das war's, mein Pumuckl. Ich habe viel Geduld, aber das war eine Kriegserklärung. Ich klopfte auf den Schuhkarton, dass es nur so staubte, und wurde laut.

»Wenn ich die Schuhe nicht getragen hätte, wüssten wir ja beide nicht, dass sie unterschiedliche Größen haben.«

»Ich kann sie nicht umtauschen wegen der Rückgaberichtlinien!«

»Die Rückgaberichtlinien kannte ich nicht beim Kauf!«

»Sie sind vorne einsehbar im Ordner an der Kasse.«

»Nicht an, sondern NACH der Kasse. NACH dem arglosen Bezahlvorgang!«

»Alles gut!«

»›Alles gut‹ im Sinne von ›krieg dich wieder ein‹ und ›schwirr ab‹?«

»Äh, nein? Entschuldigung …«

Und wieder schnäuzte sich der Verkäufer. Sein Gesicht wirkte angeschwollen, zudem meinte ich, auf der rechten Wange ein Dreigestirn von roten Pusteln wachsen zu sehen. Stress? Den hätte ich auch, wenn ich meinen Job so machen würde wie er! Und jetzt war ich richtig in Fahrt!

»Das nächste Mal kauf ich Schuhe wieder bei Amazon. Da gibt es 7-fach Payback-Punkte, und ich hätte die Schuhe auch schreddern und frittieren können, die hätten sie trotzdem umgetauscht.«

Der Verkäufer keuchte und kratzte sich den Hals.

»Ja. Ich hab da gerade eine Idee. Wir haben ja noch den anderen Karton im Lager mit 45 und 46. Wenn Sie mit beiden Größen spielen konnten, dann gebe ich Ihnen einen schönen Rabatt auf das andere Paar.«

»Ha! Dann hätte ich ja NOCH ein Paar Schuhe mit unterschiedlichen Größen!«

»Nein, nein, alles gut, ich meinte, wenn ich Ihnen die 45 und die 46 von genau diesem Modell hier gebe, dann hätten Sie ein Paar in 45 und eins in 46.«

Der junge Mann hatte recht. Aber leider hatte er »Alles gut« gesagt, und da musste ich einfach ein Zeichen setzen:

»Sie schlagen mir gerade vor, einen brandneuen Schuh in 46 zu einem komplett versandeten 46er anzuziehen und das Ganze dann noch mal in 45? Und dann soll ich mit einem schmutzigen und einem sauberen Schuh durch einen Bundesliga-Tennisclub schleichen wie ein Strauchdieb?«

»Nein …«

Oha! Das Pusteltrio auf der Wange hatte sich vermehrt. Es waren nun ein gutes Dutzend Pusteln, von denen einige putzig pulsierten. Das war bedauerlich, aber nicht Gegenstand unseres Gesprächs. Zudem gab er einfach nicht klein bei:

»Sie könnten ja einmal woanders spielen, danach wären der linke und der rechte Tennisschuh im gleichen Zustand.«

»Ich will aber nicht woanders spielen, nur weil Sie etwas vertauscht haben. Aber okay – ich will keinen Streit.«

»Natürlich nicht. Alles gut.«

»Vorsicht!«

»Entschuldigung.«

»Wie viel günstiger wäre denn das zweite Paar?«

»Da kann ich Ihnen zehn Prozent geben.«

»Ist das ein Witz?«

»Sorry, aber ich muss jetzt doch eine Tablette nehmen.«

»Was haben Sie denn die ganze Zeit?«

»Eine Katzenhaarallergie.«

»Oh. Das tut mir leid. Unser Katzen sind übrigens auch unterschiedlich groß.«

Ich schloss den Karton mit den angeblichen Allergenen und ließ den Mann seine Show-Tablette nehmen. Er sah gar nicht gut aus mit seinem Schwellkopf. Tröt. Schneuz. Sorry. In einer Tour. Und wieder ging das Taschentuch. Weil er offenkundig nicht mehr sprechen wollte, nahm ich das Gespräch wieder auf.

»Wissen Sie, was ich mich gerade frage? Ich frage mich, ob Sie uns Kunden hier absichtlich verschieden große Schuhe unterjubeln, um dann mal eben noch ein Paar zu verkaufen.«

Der Verkäufer rang nach Luft. Ja, so geht es einem, wenn man die Kunden über den Tisch ziehen will, aber vom Charakter her nicht dafür gemacht ist.

»Meinetwegen«, keuchte er, »ich frag meinen Vorgesetzten. An welchen Rabatt haben Sie denn gedacht?«

»Hundert Prozent.«

»Ich spreche mit dem Chef.«

Während sich mein Verkäufer auf allen vieren ins Personalbüro rettete, studierte ich den Ordner mit den Rückgaberichtlinien. Bei § 6.4.2 hellte sich mein Gemüt auf, denn wenn ich diesen Passus richtig las, hatten die feinen Anwälte hier einen Fehler gemacht.

Kurz darauf war das rothaarige Elend mit geschwollenen Lippen und Augen so groß wie Treckerventile zurück:

»Hundert Prozent können wir nicht machen. Wir können Ihnen aber BEIDE Paare mit zwanzig Prozent Rabatt geben.«

»Zu spät. Ich hab nämlich gerade die Rückgaberichtlinien NACH der Kasse gelesen, und da steht: ›Die Schuhe müssen ungetragen sein.‹ Die Schuhe. Plural. Wenn Sie bei 20 % bleiben, dann nehm ich das Angebot an und tausche morgen alles um, weil dann ja nur je ein Schuh pro Paar getragen ist.«

»Reduzierte Ware ist aber vom Umtausch ausgeschlossen.«

»Falsch: Paragraph 5.2.2. AKTIONSware ist vom Umtausch ausgeschlossen!«

Mein Verkäufer sah inzwischen aus wie ein durch eine Dornenhecke gezogener Hummer.

»Wissen Sie was?«, stöhnte er, »ich schenke Ihnen das zweite Paar.«

»Und das erste wegen der Unannehmlichkeiten!«, forderte ich forsch.

»Das erste auch?«

»Ja. Sie haben so oft ›Alles gut‹ gesagt, dass ich jetzt beide Paare geschenkt haben will.«

»Ich kann Ihnen doch keine zwei Paar brandneue Asics schenken!«

Ich klopfte dem Verkäufer auf die Schulter: »Sehen Sie es doch mal so: Wenn Sie mir beide Paare schenken, haben Sie einen zufriedenen Stammkunden. Wenn nicht, haben Sie einen verärgerten Stammkunden UND ein unverkäufliches Paar Schuhe im Lager.«

An diesem Punkt nahm ich eine gewisse Leere im Gesicht des Verkäufers wahr; also bis auf die pulsierenden Pusteln, die triefenden Augen und die pumpenden Lippen.

»Okay. Ich kann nicht mehr. Ich schenke Ihnen beide Paare.«

»Super, ich wusste, dass Sie einsichtig sein würden.«

»Das«, röchelte er, »lassen wir mal so stehen.«

Das war ein Fehler. Ein sehr, sehr schwerer Fehler! Denn wenn ich was nicht leiden kann, dann ist es dieses »Das lassen wir mal so stehen«. Deutlicher kann man nämlich nicht sagen, dass man sein Gegenüber für einen meinungsverirrten Soziopathen hält und das Gespräch beenden will. Energisch zog ich einen brandneuen Wilson-Schläger aus meinem Rucksack und hielt ihn vor sein Gesicht.

»Diesen Schläger hier. Den will ich auch umtauschen!«

Der Verkäufer starrte mich an, als wäre ich der Tod im Gewand und der Schläger die Sense. Er war auch nicht mehr so gut zu verstehen, so geschwollen war sein Hals und so schwach sein Stimmchen. Mit viel gutem Willen verstand ich so etwas wie:

»Was ist … denn mit … mit dem?«

»Der. ist. nicht. bespannt! DAS ist mit dem! Denken Sie, mit Anfängern können Sie alles machen? Und haben Sie eine ungefähre Idee, wir peinlich das war, gegen meine eigene Frau zu verlieren mit 6:0 und 6:0 mit diesem verdammten Schläger ohne Saite in zwei verschieden großen Schuhen? Hallo? Sagen Sie was!«

Der Verkäufer wurde ohnmächtig. Armseliger konnte man sich nicht aus der Affäre ziehen. Vor allem aber war es wirklich bedauerlich zu beobachten, wie einen zarte Schneeflöckchen erst bis aufs Blut provozieren, nur um später jeder Auseinandersetzung aus dem Weg zu gehen.

Ich leistete dennoch selbstlos Erste Hilfe, rief einen Rettungswagen (20-fach für Einsätze vor 12 Uhr) und diskutierte dann mit dem kölschen Vorgesetzten meines Alters weiter.

Der nette Herr bat mich um Entschuldigung, sagte, ein solcher Service sei nicht sein Anspruch, und bot mir beide Paar Schuhe und den neuen Schläger als kleinen Ausgleich für meine Unannehmlichkeiten. Zudem könne er mir die letzte in Europa vorrätige Profi-Ballmaschine mit einer Kapazität von 300 Bällen für unter € 8.000 anbieten. Und weil ich gar so viel Ärger hatte, würde er beim Original-French-Open-Gartenpavillon samt Outdoor-Möbeln und Signierstunde mit Novak Djokovic sogar 100 Euro runtergehen.

Ich war hocherfreut. Und noch während sich die Generation Life-Life-Balance nach einer Kortisonspritze an einem Regal hochzog, bestellte ich ein Großraumtaxi für all die schönen Schnäppchen, die ich heute gemacht hatte. Die Generation Golf verstand sich einfach.

DAS ARBEITSWOCHENENDE

Ich muss zugeben, dass es mein eigener Vorschlag war, die Arbeit am hoffentlich erfolgreichsten Musical der nächsten Jahrzehnte nicht im langweiligen Büro, sondern in einem schönen Hotel außerhalb der Stadt zu beginnen. Da ich selbst nicht die geringste Erfahrung mit Musicals hatte und nicht mal eine Idee, um was es gehen könne, hoffte ich auf Inspiration durch einen Ortswechsel.

Mein Comedykollege Moritz war sofort begeistert – und seine wundervolle Frau Hülya ebenso. Ich hatte zwar an ein Arbeitswochenende ohne Begleitung gedacht, aber dann hätte ich auch meiner Frau nicht von der Idee erzählen dürfen. war die weibliche Vorfreude nun schon zu groß. Sie war Feuer und Flamme und ermutigte mich sogar, unser Arbeitswochenende sofort zu buchen, und zwar am besten im Schlosshotel Bensberg, da habe sie mehr Auswahl bei den Wellnessbehandlungen. Das ergab natürlich Sinn, also buchte ich eine Nacht von Samstag auf Sonntag , das waren fast 24 Stunden für konzentriertes Arbeiten und 525 Payback Punkte (7-fach bei booking.com).

Als wir die Woche darauf in die Einfahrt des fürstlichen Schlosshofs fuhren, fühlte ich mich unwohl. Die schlossige Dekadenz erschlug mich fast in meinem Mittelklassewagen, ich war als schreibender Humorist dann doch eher mit den engen Tiefgarageneinfahrten der Motel Ones vertraut. Von diesem kurzen Fremdeln mit der Welt der Schönen und Reichen abgesehen, ließ sich das Musical-Arbeitswochenende jedoch gut an.

Moritz und Hülya hatten bereits einen englischen Tee zu sich genommen und freuten sich sehr, uns zu sehen.

Das Wetter war herrlich, und quietschbunte Vögelein verkündeten frohgemut unsere Ankunft. Der junge Mann an der Rezeption, ein gewisser Herr Front Desk, gab uns ein ganz hervorragendes Zimmer mit allen erdenklichen Annehmlichkeiten: Wir hatten 47 TV-Kanäle, Blick auf einen winzigen Dom in der Ferne und die gleiche Kaffeekapselmaschine wie auf der Webseite des Hotels.

Während meine Frau im Badezimmer Hotelshampoo in ihre mitgebrachten dm-Fläschchen füllte, loggte ich mich bei WOW ein und ließ die Bundesligakonferenz laufen. »Tor in Hoffenheim!«, plärrte der Fernseher.

Ich prüfte aufgeregt, ob die Kapselmaschine auch mit meinen ja!-Kapseln funktionierte, die ich eben noch beim Revisionsverband der Westkauf-Genossenschaften, kurz REWE, erworben hatte. Sie tat es, hurra. »Tor in Freiburg!« Ich weiß, was Sie denken, aber ich entgegne: Verschenken muss man sein Geld ja auch nicht.

Aus genau diesem Grund entschieden wir uns als Arbeitsgruppe auch gegen die preisgekrönte Kulinarik des hoteleigenen 2-Sterne-Restaurants. Sollten die Pariser Haubentaucher ihre Pinzettengerichte doch selber essen.

Stattdessen hatten wir einen Tisch in der Trattoria. Nach zwei entspannten Bademantel-Stunden im ganzheitlichen Vier-Elemente-Heilkraft-Bereich ließen wir uns dort nieder.

Es wurde italienisch inspirierte bergische Küche geboten, was vermutlich bedeutete, dass sich ein Bergisch-Gladbacher Koch an Spaghetti versuchte.

Dank zwei Flaschen Rosso del Conte war die Stimmung schnell ausgelassen. Wir machten Selfies durch die lächerlich großen Weingläser, amüsierten uns über die steifen Gäste und imitierten so ausgelassen den fiepsigen Servicegesang der Kellnerin, dass das ganze Restaurant sich peinlich berührt nach uns umsah.

Bei der dritten Flasche Rosso del Conte, die uns nun seltsamerweise ein anderer Kellner entkorkte, merkte ich an, dass dies das ideale Ambiente für den Startschuss zum weltweit erfolgreichsten Musical aller Zeiten war und uns im Büro sicher nichts eingefallen wäre.

»Na ja«, merkte Moritz grinsend an und zog seinen Kragen zurecht, »so richtig angefangen haben wir ja noch nicht. Wir haben ja nicht mal einen Titel!«

»Aber wir haben den ganzen Vormittag morgen«, lachte ich und ergänzte: »Da können wir loslegen mit der Arbeit! Ich hab da nur eine halbe Stunde Sportmassage um zwölf, sonst nix.«

»Aber wir wollten doch mal durch den Schlosspark spazieren«, merkte meine Frau mit kritischer Miene an.

»Stimmt. Sportmassage und Spaziergang, sonst nix. Aber der Spaziergang ist ja kein Termin, den können wir machen, wann wir wollen.«

»Nicht wirklich«, warf meine überkorrekte Frau ein, »weil für elf meine Gesichtsbehandlung gebucht ist.«

»Dann laufen wir danach, mein Schatz. Moritz, was meinst du, wollen wir uns dann einfach direkt nach dem Frühstück ans Musical setzen, also vor den Behandlungen?«

»Gerne. Aber nach dem Frühstück wäre für mich frühestens halb elf, weil ich davor auch im Spa bin.«

»Du auch? Was machen sie denn mit dir?«

Hülya nahm stolz Moritz' Hand.

»Ich hab ihm die Behandlung ›Perfekter Auftritt‹ geschenkt mit Gesichtsreinigung, Maniküre und Massage.«

»Du hast noch einen Auftritt nach unserem Arbeitswochenende?«, fragte ich Moritz beeindruckt.

»Nein, die Behandlung heißt nur so«, erklärte er trocken.

Ich atmete schwer aus und dachte nach.

»Okay. Also. Nach halb elf, aber vor zwölf ginge, weil ich ja um zwölf die Sportmassage hab. Eine halbe Stunde wohlgemerkt, das ist die kleinste Behandlung von euch allen!«

»Stopp!«, unterbrach mich Hülya, »ich hätte auch gerne eine Behandlung gehabt, aber ich muss ein paar wirklich wichtige Anrufe machen.«

»Sorry«, entschuldigte ich mich. »Also, Moritz, dann sagen wir halb zwölf in der Lobby-Bar?«

»Passt! Dann legen wir los. Andrew Lloyd Webber kann sich warm anziehen!«

Hülya, die auch die Termine für Moritz' Auftritte plant, zog die Stirn kraus.

»Und wann rufen wir den Veranstalter an?«

»Da muss ich dabei sein?«, fragte Moritz.

»Es geht um deine komplette Herbsttour! Und das Auto musst du ja auch noch umparken.«

»Wir hätten es einfach in die Tiefgarage fahren sollen, so wie Tommy und Nina.«

»Wir wollten aber keine fünfzig Euro fürs Parken zahlen.«

»Wir? Okay. Ich fahr es weg!«

»Aber vor elf, sonst kriegen wir ein Knöllchen direkt vor dem Amtsgericht.«

»Warum parkst DU es nicht einfach um?«, fragte Nina, »dann hätte Moritz mehr Zeit für Tommy.«

»Ich fahre doch kein Auto«, entgegnete Hülya.

Moritz hob erneut sein Glas:

»Freunde, jetzt lasst uns das mal nicht komplizierter machen, als es ist. Um zehn ist meine Behandlung zu Ende, dann schnapp ich mir ein Croissant und trink einen schnellen Tee, park das Auto um, und wir telefonieren mit dem Veranstalter. In der Zeit könnt ihr beide ja ganz bequem euren Schlosspark-Spaziergang machen. Und dann ballern wir den Broadway weg!«

»Das wird nicht ganz klappen«, merkte meine Frau an, »weil ich ja um elf Uhr meine Behandlung habe, wir um zwölf aus den Zimmern müssen und ich vorher noch die Sachen packen muss.«

Ich nahm die Hand meiner Frau.

»Dann gehen wir doch einfach NACH meiner Sportmassage spazieren.«

»Aber …«

Erst jetzt sahen wir, dass unser Kellner die ganze Zeit bei uns am Tisch stand und versuchte, irgendwie dazwischenzukommen.

Wir entschuldigten uns und fragten, was es denn ausgerechnet jetzt so Wichtiges gebe. Er reichte uns die Dessertkarten.

»Oh!«, jubilierte meine Frau, »teilt sich jemand ein Tiramisu mit mir?«

»Normalerweise gern, Schatz, aber ich möchte selber ein ganzes. Und einen Grappa.«

»Hülya? Moritz?«

»Ich würde was von dem Tiramisu essen«, bot Hülya an, »aber NACH dem Käseteller. Okay, Nina?«

»Klar.«

»Teilen Sie auch den Käseteller?«, erkundigte sich der Kellner.

»Ja, mit meinem Mann, danke«, erklärte Hülya.

»Für mich dann nur einen Espresso, bitte«, sagte Moritz und reichte dem Kellner seine Karte zurück, »Auch NACH dem Käseteller.«

Ich war ein wenig verwirrt, hatte aber die größte Sorge, dass gleich alle essen würden und ich nicht. Daher sagte ich sicherheitshalber: »Mein Tiramisu bitte vor dem Käseteller, sonst dauert mir das zu lange.«

»Sehr gern«, sagte der Kellner geduldig. »Den Grappa dann zusammen mit dem Espresso für den Herrn neben Ihnen?«

»Kommt der NACH dem Käseteller?«, fragte ich Moritz.

»Ja«, antwortete Moritz, »so hab ich's gerade bestellt.«

»Und wann teilen sich Nina und Hülya ihr Tiramisu?«, fragte ich zurück.

»Die Damen wollten es nach dem Käseteller teilen«, antwortete der Kellner souverän. »Sie müssten mir jetzt nur noch sagen, wann Sie Ihren Grappa möchten.«

»Sofort, bitte. Und … das haben Sie sich jetzt alles gemerkt?«

»Ist ja nicht so schwer bei einem Vierertisch. Ich hole Ihren Grappa.«

Verdutzt sahen wir dem Tausendsassa von Kellner nach, der zielstrebig Richtung Theke schritt.

»Vielleicht sollte ER unseren Vormittag planen?«, schlug Moritz vor.

»Wo waren wir überhaupt?«, rätselte ich und zog die Stirn in Falten.

Wir blickten uns an, bis meine Frau den Faden wiederfand.

»Ich weiß! Du hattest angeboten, dass wir nach deiner Sportmassage spazieren gehen.«

»Hatte ich? Aber dann ist es ja schon halb eins. Wenn nicht gar eins. Ich will ja nicht im Bademantel durch den Schlosspark.«

»Dann lassen wir den blöden Spaziergang halt sausen, mein Gott. Du brauchst eh noch ein paar Minuten, um dich bei WOW auszuloggen auf dem Hotelfernseher, sonst schaut wieder irgendjemand ein Jahr lang die Ochsenknechts über deinen Account.«

»Stimmt, das war peinlich, ausloggen muss ich mich.«

Der Kellner brachte meinen Grappa und ein ganzes Tiramisu für mich.

»Danke!«

»Und MEIN Tiramisu?«, fragte meine Frau enttäuscht.

»Das sollte ich nach dem Käseteller bringen, weil Sie es sich ja mit der Dame teilen.«

»Stimmt. Danke. Entschuldigung.«

Für eine Weile legte sich eine bergisch-mediterrane Haube des Schweigens über unseren Tisch. Ich kippte meinen Grappa, und schließlich kam der Käseteller. Warum auch nicht, ich blickte ohnehin nicht mehr durch.

»Und unser Musical?«, fragte ich schwach. »Wann setzen wir uns da ran?«

Plötzlich schnippte meine Frau mit erhobener Hand so wie früher in der Schule.

»Ich hab's! Ich weiß, wann ihr arbeiten könnt!«

Alle schauten wir gespannt zu ihr.

»Also: Ich hab meine Behandlung von elf bis zwölf, aber ich muss ja auch nicht über das Musical sprechen. Hülya, du musst mit einem Veranstalter telefonieren, aber da muss Moritz mit dabei sein, außerdem muss er das Auto wegparken, am besten ist das nach seiner Behandlung und seinem schnellen Frühstück, also frühestens um halb elf. Tommy hat seine Sportmassage um zwölf und muss sich noch bei WOW ausloggen, und wir alle müssen um zwölf Uhr aus den Zimmern raus sein. Aber auschecken muss ja nur einer pro Zimmer. Also, Moritz, wenn du einfach den Veranstalter umparkst, nachdem Hülya das Amtsgericht angerufen hat, dann … dann …«

Wir sahen in ebenso leere wie verzweifelte Augen.

»Nach dem Käseteller?«, fragte ich.

»Ja, mein Gott, ich hatte auch ein paar Gläser Wein, aber wenigstens denke ICH noch nach, und dabei ist es nicht mal mein Musical. Ich hasse Musicals!«

»Aha!«, merkte Moritz auf.

»Eieiei …«, stöhnte Hülya.

Ich streichelte meiner Frau sanft über den bebenden Rücken.

»Sorry. Ich hab dich unterbrochen. Bitte steig noch mal ein, du warst echt nah dran, glaub ich. Also, nach dem Auschecken parkt Moritz um und geht zu Hülya aufs Zimmer, um den Veranstalter anzurufen. Meintest du das?«

»Ja. Danke. Okay. Also. Wenn ihr das so macht, dann könnte ich direkt nach meiner Behandlung packen und auschecken, und ihr könnt von elf bis zwölf reden!«

Für einen kurzen Augenblick überkam mich so etwas wie Erleichterung.

Doch dann räusperte sich Hülya:

»Aber wenn Moritz und Tommy von elf bis zwölf arbeiten, dann setzt ihr ja voraus, dass das Umparken vom Auto und das Telefonat mit dem Veranstalter zusammen nur eine halbe Stunde dauern. Das find ich ganz schön knapp bemessen!«

Jetzt verlor ich die Geduld und knallte meine Serviette auf den Tisch.

»Ja, mein Gott, Hülya, dann mach halt endlich mal deinen verdammten Führerschein!«

»Ein Tiramisu zum Teilen mit zwei Löffelchen und ein Espresso für den Herrn mit einem Löffelchen. Bitte sehr, viel Spaß!«

»Danke. Tut mir leid, Hülya, ich bin genervt. Und

ich frag mich: Wenn ich schon aus dem Zimmer muss wegen Check-out, aber trotzdem den Bademantel trage für die Behandlung – wie soll das eigentlich gehen, Nina?«

In das sonst so feine Gesicht meiner lieben Frau hatte sich Verbitterung geschlichen. Sie schnellte hoch und griff ihre Jacke: »Ja, was weiß denn ich? Sorry, aber ich brauch 'ne Pause. Ich geh eine rauchen.«

Hülya hielt sie auf.

»Jetzt wart doch mal, Nina. Das kriegen wir schon alles. Wir haben einfach zu viele Termine gemacht, für ein Arbeitswochenende«

Ich nickte. Das war ehrlich und korrekt. Nina setzte sich wieder hin. Und just in diesem Augenblick fiel mir ein, wie einfach es doch war. Freudig verkündigte ich:

»Freunde, ich hab's! Lasst uns den Vormittag morgen begraben. Moritz und ich sprechen einfach am Mittag über das Musical.«

»Und die Dröppelminna?«, entfuhr es Hülya erschrocken.

»Was ist denn eine Dröppelminna?«, fragte ich gereizt.

»Das ist ein tolles Restaurant, da gibt es eine original Bergische Kaffeetafel«, antwortete Hülya trotzig.

Selbst Moritz wirkte irritiert: »Das ist ja schön, aber … keiner weiß davon, Schatz.«

»Es sollte doch auch eine Überraschung sein«, gestand Hülya unter Tränen und ruderte mit den Armen, als kämpfe sie gegen eine Armada von Fruchtfliegen.

»Das ist nett, aber … müssen wir dahin?«, wagte ich zu fragen und blickte in Hülyas bodenfeuchte Augen.

»Ich hab den letzten Tisch bekommen für uns!«

»Okay, ich hab's verstanden, Hülya. Wir gehen in die Dröppelminna. Aber danach, ja?«

»Wir müssen aber halt um vier zurück in Köln sein«, gab Moritz zu bedenken.

»Ernst jetzt? Es hört nicht auf, oder?«

»Serhat hat Geburtstag, das ist wichtig.«

»Okay. Klar. Familie is' wichtig. Und … wie lange dauert denn so eine Bergische Kaffeetafel?«

»Gut drei Stunden sollte man sich schon Zeit nehmen, hieß es im WDR.«

»Drei Stunden? Sagt der WDR?«, ächzte ich.

»Sprecht doch einfach während der Kaffeetafel!«, stöhnte meine Frau, »was ist denn immer so schlimm, wenn eure Frauen dabei sind?«

»Warum sagst du denn ›immer so schlimm‹«?

»Weil … vergiss es.«

»Schatz! Wenn man das erste Mal über ein neues Projekt spricht, dann ist es halt besser …«

»… wenn die Frauen nicht mit blöden Kommentaren nerven?«, ergänzte meine Frau.

»Genau, Nina, genauso ist es. Ihr würdet vermutlich das komplette Musical kaputt machen! Oder, Moritz?«

Moritz schaute mich mit leeren Augen an.

»Sie können gar nichts kaputt machen, weil wir noch gar nichts haben.«

Nina schenkte sich noch ein Glas Rotwein nach, nahm ihre Jacke und stand auf.

»Leute, ich kann nicht mehr. Ich geh aufs Zimmer und schau die Ochsenknechts.«

»Kannst du mich danach gleich ausloggen?«, bat ich.

»Ich komm mit!« Hülya stand ebenfalls auf. »Und wisst ihr was? Dann könnt ihr einfach JETZT über euer Musical reden!«

Gemeinsam stapften unsere Frauen aus dem Restaurant und nahmen das mediterrane Flair gleich mit sich. Zurück blieben nur ich und Moritz, der auf mein unberührtes Tiramisu starrte.

»Du hast dein Tiramisu nicht gegessen!«

»Ich dachte, das soll geteilt werden.«

»Nina hat ihr Tiramisu geteilt, du wolltest ja ein ganzes.«

»Jetzt, wo du's sagst. Logik ist nicht so meine Stärke, glaub ich.« Mit einem Seufzer stieß ich den Löffel durch den Kakao. Schließlich fragte ich:

»Sag mal: Früher in der Schule, hast du da deine Hausaufgaben mit ins Freibad genommen, oder hast du sie zu Hause gemacht?«

»Zu Hause.«

»Ich auch.«

»Warum?«

»Weil ich da eine Idee hab. Nur, die ist so verrückt …«

»Sag einfach!«

»Wir sprechen nächste Woche im Büro über unser Musical.«

Moritz starrte mich an, nahm einen letzten Schluck Rosso del Conte und umarmte mich fest und lange. Das war die mit Abstand beste Idee des Abends, und als wir uns kurz darauf mit unseren Frauen an der Bar versöhnten, da waren wir uns einig: Im Büro am Musical zu arbeiten, war schlichtweg genial. Und man muss es ganz klar so sagen: Zu Hause wären wir auf so was Geniales niemals gekommen!

ERHÖHTER AUFWAND

Als privat versicherter Hypochonder habe ich das Privileg, meine Arztrechnungen nicht nur einsehen, sondern auch direkt bezahlen zu dürfen. Stets erblasse ich vor Neid, mit welch tollkühner Chuzpe die Verarztenden ihre Rechnungen erstellen. Die meisten zu bezahlenden Posten verstehe ich ohnehin nicht und müsste eigentlich nachfragen.

Aber welche Nachfrage stellt man bitte bei der Position *Erhebung mindestens eines Gingivalindex und/oder eines Parodontalindex*? Oder bei *Erhöhter Zeitaufwand wegen Luftüberlagerung durch die Lunge im Bereich der parasternalen Achse bei Steilstellung des Herzens*? Hatte ich beim Ultraschall wirklich eine derart kostenintensive Luftüberlagerung verursacht? Und dass der Internist mein Herz steil stellte: Sorry, aber daran kann ich mich nicht erinnern, ich lag definitiv die ganze Zeit auf der Behandlungsliege.

Wer auch immer irgendetwas steil stellt, absaugt, schallt, versorgt und entfernt, stets unter erhöhtem Aufwand natürlich – am Ende stellen sich die unzähligen Positionen stets zu einem derart astronomischen Betrag steil, dass mein TAN-Generator bei der Überweisung zu glühen beginnt. Ich weiß schon, das machen alle so. Und es ärgert mich auch nur bedingt, weil ich nicht bei einer Krankenkasse arbeite. Was mich aber immens ärgert, ist die geradezu überbordende Kreativität, mit der meine weiß gekleideten Freunde ihre Aufstellungen formulieren. Im Vergleich dazu waren meine bisherigen Autorenrechnungen geradezu kindlich naiv. Als Beispiel meine letzte Forderung an eine renommierte österreichische Filmproduktion:

Abgabe Dritte Fassung	
Drehbuch »Hummeldumm"	€ 200
Gesamt	€ 200

EIN Posten! Putzig, oder? Mit keinem einzigen Wort hatte ich aufgeführt, wie mühsam und zeitaufwendig es gewesen war, diese dritte Fassung des verdammten Drehbuchs zu erstellen. Kein Hinweis zu all den Dialogänderungen, damit sensible Zuschauer*innen nicht in Tränen ausbrechen. Nicht ein einziger Fingerzeig auf all meine inneren Kämpfe, Krisen und Wutausbrüche!

Da war es offensichtlich wie die Buchhaltenden der Filmproduktion die Rechnung auffassen würden: »Ah! Jaud hat abgegeben. Hat ja lange gebraucht. Haufen Geld auch für nur einen Posten.« Das kann ich sogar nachvollziehen. Ich verkaufe meine Arbeit einfach schlecht. Ärzte machen das besser und professioneller. Oder hat man jemals eine Zahnarztrechnung gesehen, die so aussieht?

Zahn gemacht	€ 10.410
Gesamt	€ 10.410

Natürlich nicht. Plötzlich erkannte ich den wahren Grund, warum Ärzte ihren Urlaub auf den Malediven verbringen und ich meinen in Franken. Warum sie Koi-Karpfen besitzen und ich Katzen. Und warum neben ihrem Porsche stets noch ein kalifornisches Elektroauto steht und neben meinem Lidl-E-Bike nur die Garagenwand. Weil sie's können.

Sei's drum: Sollen die Ärzte fliegen, wohin sie wollen mit ihren teuren Karpfen, rein buchhalterisch können sie nichts, was ich nicht auch könnte. Ich erklärte meine bisherige Art der Rechnungsstellung für gescheitert: ab jetzt keine Grundschulrechnungen mehr! Ich kaufte mir eine Abrechnungssoftware für Arztpraxen, und freute mich schon darauf, meine Arbeit so aufzuschlüsseln, wie es sich gehörte.

In Rekordgeschwindigkeit schrieb ich meine letzte Drehbuchfassung, um endlich die erste realistische Rechnung meines Lebens zu verschicken.

Liquidation vom 16.7.2023

Für meine kreativen und dramaturgischen Leistungen gemäß AGO (Autoren-Gebührenordnung) erlaube ich mir zu berechnen:

€ 32.797,51

Ich bitte Sie, diesen Betrag binnen 3 Tagen auf unten genanntes Konto zu überweisen. Die einzelnen Leistungen entnehmen Sie bitte der Aufstellung.

Leistungen nach AGO:

Datum	Leistung	Faktor	Anz.	EUR
30.5.23	Hochfahren des Computers unter Einhaltung aufwendiger Hygienemaßnahmen	2,3	1	18,90
30.5.23	Professionelle Entnahme des Drehbuchs mittels moderner Software (macOS 14.1, Final Draft 13)	2,3	2	52,11
30.5.23	Auslagen: Notizblock und Kugelschreiber	1	2	34,78
30.5.23	Beseitigung einer postalkoholischen Malaise mittels Elektrolyt- und Koffeingaben. Erhöhter Aufwand wegen akuter Antriebsschwäche	2,3	1	11,34
30.5.23	Auslagen: 1 Elotrans Reload, 1 Dallmayr Capsa Boost, 5 Exquisa Feiner Käsekuchen-Snack	1	1	14.90

30.5.23	Eingehende, das gewöhnliche Maß übersteigende Anamnese des Drehbuchs. Erschwerte Bedingungen durch akute Steilstellung einer Nebenfigur	3,5	4	378,01
5.6.23	Professionelle Messung des Lesewiderstands rechts und links im vorderen Drehbuchbereich	2,3	1	103,33
5.6.23	Humoreffektive Fehlerbereinigung. Überdurchschnittlicher Schwierigkeitsgrad wegen Witzüberlagerung bei Hauptfigur	2	1	1.080,02
5.6.23	Eingehende, das gewöhnliche Maß übersteigende Beratung mit ChatGPT	3,5	1	230,09
5.6.23	Wiederherstellung der Funktion des dritten Aktes durch Implantieren KI-basierter Segmente	3,5	1	203,23
6.6.23	Substituierung einer homophoben Nebenfigur. Überdurchschnittlicher Schwierigkeitsgrad wegen adhäsiven Verbunds mit anderen Figuren	3,5	1	903,34
6.6.23	Witzentnahme. Erhöhter Aufwand, da schwer erreichbar im dritten Akt	3,5	5	339,98
6.6.23	Versorgung zweier Nebenfiguren mit neuer Vita	2,3	2	300,45
6.6.23	Dramaturgisches Konsilium mittels Videotelefonie. Erheblicher Schwierigkeitsgrad wegen Log-ins	3,5	1	190,21

7.6.23	Entfernung sexistischer und konservativer Restbeläge. Erhöhter Aufwand (Begründung: Beläge rechtsseitig verhärtet)	3,5	1	1.300,00
7.6.23	Konzeption Anschreiben inkl. Grußformel und elektronischer Versand des präparierten Drehbuchs. Erhöhter Aufwand wegen zeitgleicher Rezeption von »Funniest Cat Videos ever«	2,3	1	78,98
8.6.23	Erstellung der Rechnung	11	1	664,23
Endsumme				**€ 32.797,51**

Mit freundlichen Grüßen
Tommy Jaud

Zwei Tage später war das Geld auf meinem Konto. Nachfragen habe ich keine bekommen.

Die recht ärgerliche Wartezeit bis zur Auslieferung meines neuen Grillanzünders (ein Tesla Model X) verbrachte ich mit meiner Frau auf der maledivischen Barfußinsel Kunfunadhoo. Auf die Katzen haben unsere Ärzte aufgepasst. Sie hatten es von sich aus und kostenfrei angeboten, nachdem ich ihnen mein neues Buch geschenkt hatte.

🤟😎🦙